老子不老

昌新本《道德经》注解

刘红晋　刘昌永　著

南海出版公司

2025·海口

图书在版编目（CIP）数据

老子不老：昌新本〈道德经〉注解 / 刘红晋, 刘昌
永著 . -- 海口：南海出版公司, 2025.7. -- ISBN
978-7-5735-1079-2

Ⅰ . B223.1

中国国家版本馆 CIP 数据核字第 2025C5F068 号

LAOZI BU LAO——CHANG XIN BEN <DAODE JING> ZHUJIE
老子不老——昌新本《道德经》注解

作　　者	刘红晋　刘昌永
责任编辑	吴　雪　林子琦
出版发行	南海出版公司
	电话：（0898）66568511（出版）（0898）65350227（发行）
社　　址	海南省海口市海秀中路 51 号星华大厦五楼　邮编：570206
电子信箱	nhpublishing@163.com
印　　刷	保定市铭泰达印刷有限公司
开　　本	880 毫米 × 1230 毫米　　1/32
印　　张	9.125
字　　数	190 千
版　　次	2025 年 7 月第 1 版　2025 年 7 月第 1 次印刷
书　　号	ISBN 978-7-5735-1079-2
定　　价	58.00 元

序

《道德经》对于很多人来说，是神秘的。"修除玄览""寂兮寥兮""以万物为刍狗"等，甚至可以有相反的解读。历代注者不穷，考古版本迭出。在中华文化对其川流不息的解读、阐释中，有没有其不变的主旨和智慧？汉、唐早期崇道学，以盛世给予《道德经》智慧以实践上的肯定——以道莅天下，治大国若烹小鲜。政治制度的关键在规范、调节君主和人民之间的关系。道：养生之道、修身之道，抑或君主之道？面对众说纷纭的解读和实践取向（养生、治国等），人们探询《道德经》丰富内涵中的侧重。两千多年后，我们如何能发现作者的初衷？

研究方法是关键。

在英国攻读哲学博士期间，父亲问我研究的主题。听到我的博士论文讨论达尔文的心理学，他说：达尔文已过去一百多年了，其理论还有现实意义吗？我答道：《道德经》已两千多年了，一样对人们多有启发。自此，开始了我们交流讨论《道德经》心得的历程，时过经年，有此书。

在研究过程中，父亲重视精读、通读，览其全貌大意；我多从科学视角，还原老子当时的自然历史环境，即《道德经》的成书土壤。在互相砥砺、探讨中，研究不断深入。提出了老子"道"的两个主体：水、人民群众。对立统一和群众史观是解开众多篇章的关键。顺着这个思路，文中也尝试理解中国农耕文化孕育的天下为公等理念。

昔者阳谷县教谕林培玠著《废铎呓》，记述了荣成刘氏源流。一文可考一族之源，振一家之志，兴一地之化。虽古贤有述而不作，笔者也不揣冒昧，记述对《道德经》以及传统文化的些许浅见，望以慰先贤，以启来人。

庚子立冬乙丑日于云中馆

传统文化数字歌

其一

道一两仪三才观

四方五谷六畜壮

七情八卦九州同

十干历法轩辕共

其二

秦皇天下归一统

长戈方歇二世争

三吴助羽演霸楚

四海五湖歌大风

六合七齐八方聚

九州十亿唱共同

西方很多哲学家、科学家、文学家等对中国的传统文化尤其是老子的哲学思想认识赞誉有加。但一些人对老子的道德概念、老子的"无为而治"，以及《道德经》在中国历史上起到的巨大作用缺少实质性认识——例如汉初的"文景之治"、唐初的"贞观之治"和"开元盛世"。

人们解读《道德经》的方法，多以沿袭前人说法为准，致使道家学说多被执政者和学者舍多取少、仁智各见。老子在《道德经》第三十九章讲道：神得一则灵，失之则歇；侯王得一则正，失之则蹶。这里的一（道）指民众和民心向背。

老子的道和德先按下不表，先说"无为而治"，其实是老子的治国理政方略。如同"克己复礼"是孔子的治国理政方略一般。春秋时期，老子与孔子面对天下礼崩乐坏、诸侯争霸、周朝王室大权旁落的社会局面。公元前518年，孔子问礼于老子，当时周王室正在经历王位的争夺战争，公子朝先后与公子猛（周悼王）和他的弟弟周敬王争夺王位，失败后携王室图书若干奔楚。楚国国君并没有问鼎中原的能力，伍子胥去楚奔吴大约在这一时期。孔子向老子表明了自己的志向，老子也谈了自己的见解。

当时天下士子争论名实之辩，孔子坚决主张正名——"名不正则言不顺"。老子在《道德经》第一章把名与道的历史演变过程，以"有"和"无"论道，相当于《周易·系辞上》说的"易有太极，是生两仪，两仪生四象，四象生八卦"。中国古人之所以重视天和地，是认为：阴阳两种物质在运动中的平衡，方使我们的地有了生养万物的能力——主要是天道的运行结果。所以《尚书大传·五行传》有："天一生水，地二生火，天三生木，地四生金，天五生土。"五行有三种是天所生，而生命第一就是水。老子在《道德经》第八章称"上善若水"，将水列为道的一种，也是组成生命的重要部分。

　　《道德经》第二章老子例举了天下对立统一的事物之后，展开了"无为而治"的基本内容："圣人处无为之事，行不言之教。万物作而弗始，生而弗有，为而弗恃，功成而弗居。夫唯弗居，是以不去。"这里的圣人之治，可以参考三皇五帝的王治天下，实行的是天下为公的治世模式。管理者亲身垂范、教化百姓，像培驯五谷六畜、农耕稼穑、养蚕织布、营居穿井、治水、土陶烧制、车船制造，酿造业、铸造业等民生事业，以及训练军队、防止其他族群部落侵略等，功成不居。

　　老子的"无为而治"其实是无我为、无虚为、无妄为；而"为之"则是切民（及公）为、切实为、切道为。可以理解为：顺其自然，人力不可强为。如果理解得正好相反，就会有"听天由命"的意味，把道家理解成消极避世。

汉初司马迁在《史记·礼书第一》中说："孝文即位，有司议欲定仪礼。孝文好道家之学，以为繁礼饰貌，无益于治，躬化谓何耳，故罢去之。"躬化即亲自示范、教化人民。意思是看你的实际行动取得的实际效果如何，再决定下步任务。可以与尧舜禹相授的虞廷十六字心传相互参照：人心惟危（人心看到的是结果），道心惟微（君子应从细微事物规律入手），惟精惟一（君子坚持对事物过程的清楚了解，怎样实现整体利益目标），允执厥中（君子在实现目标的过程中和完结后，引导群众，使群众始终走在完成大业的行程中）。

几千年来，儒家理解虞廷心传主要从理论的层面。儒家有子思的中庸、孟子的仁政和《大学》中的修身、齐家、治国、平天下等，注重修养的提高，而将格物列在其后。明朝王守仁则认为：只知不行，等于不知；要知，放在事上去磨，才能得到良知，才能知行合一。在几千年的封建社会中，汉初的官员深入农耕和经济贸易实践，得到文景之治，汉朝出现的成语词汇有所体现，如"谷贱伤农""谷贵伤民""利析秋毫"，及"实事求是"。唐朝科举考试，将《道德经》列入考试内容。魏徵在《谏太宗十思疏》的奏章中说："求木之长者，必固其根本；

欲流之远者，必浚其泉源；思国之安者，必积其德义。"汉初的文景之治、唐初的贞观之治和开元盛世与重视农耕关系甚深。究其因，汉唐之初的统治者以前朝酷法暴政失去民心导致农民起义为鉴，而在开国之初，实行道家的重视农耕、轻徭薄赋，使农民得以休养生息，继而带来经济繁荣。

杜甫的诗从"忆昔开元全盛日，小邑犹藏万家室"，写到安史之乱时的"朱门酒肉臭，路有冻死骨"。从历史上看，汉唐是历史上两个相对开明的政治局面，但与三皇五帝的天下为公仍有较大差距。

我们可以从黄河治理的前后四千年进行对比。《史记》中比较详细地介绍了大禹治水十三年，以两渠分流黄河入平原，使黄河水患得到疏解。《诗经·魏风》中民歌："坎坎伐檀兮，真（置）之河之干兮。河水清且涟猗。"而魏正是占有黄河中游一段较长的河道。当时的自然生态良好，表现在诗歌中。黄河自禹治水至汉初一直稳定，但自王莽执政，黄河一次较大决溢后，两千年中由于战乱和统治者的不顾民生，黄河下游决溢和改道发生了1500余次。最突出的一次黄河改道，是南宋建炎二年，赵构皇帝为阻止金兵南侵，下令决黄河，夺淮改道南流，使黄河水灾空前扩大。黄河改变历史上的北流、东流，此次改道南流长达700余年，黄泛区扩大五倍以上。辛弃疾的词中有："郁孤台下清江水，中间多少行人泪？西北望长安，可怜无数山……"记载不尽统治者视民生如草芥的罪恶。

中国的清末腐败、经济衰落，发生了鸦片战争。英国利用东印度公司，把在印度种植生产的鸦片倾销到中国，成瘾者身心受毒害，倾家荡产者众多，造成大量白银外流。虎门销烟虽振国威，然中国仍从此经历被世界列强瓜分、丧权辱国长达百年的惨痛。毛泽东在1937年致祭黄帝陵时誓言："四万万众，坚决抵抗……还我河山，卫我国权，此物此志，永矢勿谖。"遵义会议确立了毛泽东的军事指挥地位，走出一条农村包围城市的革命和军事路线。农村的土地革命在中国这样一个农民占总人口90%以上的自然经济大国中实施，使共产党的方针得到民众的广泛拥护。经济建设时期，实行农民自主经营的联产承包责任制，使中国从落后、贫困走向富裕。

天下为公的社会实践，可以参考"两弹一星"事业。参加者无私忘我（无我为），务实科学（无虚为），认真细致，切民利、国家利益（无妄为）。"两弹一星"功臣，无论留美、留英和其他国家或国内学习的专家，与各行业密切配合，以科学务实、勇于担当的精神，克服技术、设备、生活上的困难，顶着"左"的干扰。工作中出现问题时，专家负责人邓稼先主动亲临现场，不顾核辐射的危害，排除障碍，迅速投入新的战斗。郭永怀在飞机失事的一刹那，想到的是国家、人民的利益，毫不犹豫地与警卫员抱在一起，保护资料，为人民的事业而牺牲。

《道德经》第三十三章："胜人者有力，自胜者强。"中国人有自立于民族之林的勇气，有打造人类命运共同体的信心和决心。三皇五帝等古代先民，与马克思共产主义社会的目标，与古今中外广大民众的心意向往，是一致的。因而，老子不老，永远不老。

目

老子不老
昌新本
《道德经》注解

录

《道德经》分章解读

第一章　常无常有　玄之又玄

道可道，非常道。名可名，非常名。无名，天地之始。有名，万物之母。故常无欲，以观其妙。常有欲，以观其徼。此两者，同出而异名，同谓之玄。玄之又玄，众妙之门。

【译文】道可以抵达，不是对立统一的道。其效果可以名状，不是对立统一的效果。效果未显现，如天地之始。效果显现，形成万物。所以，对立统一于无（道作用于无），以观照其发端。对立统一于有，以观照其归止。这两者，本源相同、表现不同，都是演化发展。不断演化发展，是理解万物奥妙（道）的法门。

【解析】"常"，有本作"恒"，指道性：对立统一，普遍性、规律性。见第二章："……恒也"。

"名可名，非常名"——"自今及古，其名不去"（第二十一章）。

"无名，天地之始。"无是天地刚形成，阴阳未分化，尚未衍生万物。

"有名，万物之母。"天地间衍生万物及人类后，人类通过活动和劳动产生语言，结绳记事可以格物，对天地间的"有"和"无"产生认识。

"故常无欲，以观其妙"——"常无欲，可名于小"（第三十四章）。道作用于细微、肇始，观察它的微妙作用。我们可以从人类未参与活动的地方（原始山、林、原、野、江、河、湖、泽等）去观察了解"有"和"无"。研究它的变化规律，去认识天之道、地之道、自然之道。

"常有欲，以观其微。"微：归止，犹归宿、边界。道的效果已然显现，观察它的边界。我们从人类活动范围，如自然社会及人类社会的发展变化，去了解"有"和"无"的发生、发展及相互转化规律，去认识地之道、人之道、天之道及其边界。

"此两者，同出而异名，同谓之玄。玄之又玄，众妙之门。"我们可以这样说，"有"和"无"同时存在、产生于宇宙天地间，虽然名称不同，但它们的本质都由"物"组成。这些"有"和"无"都依自身和相互的运动规律不断改变形态和形式：物质运动散而为无，聚而为有；隐而为无，显而为有。我们可以通过对这些"有"和"无"的观察和探究去掌握它们衍生发展变化的规律，进而达到认识这些奥妙的"道"的大门。认识道，可创建于未然，也可防患于未然。

有本"德经"在前：实践到理论。"道经"在前：理论到实践。

第二章　有无相生　处无为事

天下皆知美之为美，斯恶已。皆知善之为善，斯不善已。故有无相生，难易相成，长短相形，高下相盈，音声相和，前后相随，恒也。是以圣人处无为之事，行不言之教。万物作而弗始，生而弗有，为而弗恃，功成而弗居。夫唯弗居，是以不去。

【译文】天下都了解美之所以为美，那么对恶也了解；都了解善之所以为善，那么对不善也了解。所以，有和无相互产生，难和易相互促成，长和短相互比较，高和下相互充盈，音和声相互应和，前和后相互跟随，这是对立统一（道性）。因此，圣人不加施为，行不言说号令的教化。万物自然兴起而不加怂恿，产生而不拥有，建设而不倚仗，有所成就而不居功。正因为不居功，所以没有随物（功）而去。

【解析】"难易相成"——"图难于其易"（第六十三章）。

本章的观点基于，从古代社会发展到现今，天下出现邪恶的现象，如战乱、政权争夺，人世间充满争权夺利，时常出现人民流离失所，而统治者善恶难辨，真诚为民的少，而谋求霸权的多。当政者只顾眼前利益，有的穷奢极欲，天下出现弱肉强食、兵连祸结，而他们打着为天下众生的旗号，谋求的却是贵族自身的利益，或为满足自己的贪欲而争权夺利、尔虞我诈，一朝权力在握便走上欺压百姓的老路。古圣先贤们大公无私、为谋求全天下人民共同长远的利益，实行无为而治，如黄帝与贤臣创《内经》而利民，炎帝尝百草、从事稼穑而兴农业，尧、舜、禹他们都在为天下苍生兴利除害，以身作则，亲自耕种，率众治水，以使天下为公、万众齐乐的和乐景象呈现。第二节即点明全书"无为而治"的基本内容，就是古圣人功成而不居的天下为公的社会模式，认为他们的功绩永远不会失去。有道的人认识对立统一的规律，促进事物向美善的方向转化。

第三章　虚心实腹　弱志强骨

不尚贤，使民不争。不贵难得之货，使民不为盗。不见可欲，使民心不乱。是以圣人之治，虚其心，实其腹，弱其志，强其骨，常使民无知无欲，使夫智者不敢为也。为无为，则无不治。

【译文】不尊崇贤能，使民不争夺。不看重稀有难得之物，使民不偷盗。不炫耀、不号召可贪欲的事物，使民不产生贪欲动乱的念头。因此，圣人的治理：谦虚其心、饱足其腹、弱化其贪志、强健其体魄，常使民众保持无智巧贪欲，使有智巧的不敢加以施为。做于无为，就没有治理不好的。

【解析】"圣人之治……"——"圣人之治，为腹不为目"（第十二章）。

"为无为"——"为无为，事无事，味无味"（第六十三章）。

本章针对春秋列国诸侯的所谓求贤令——以禄位金钱招揽所谓天下英才为己用，实际为争霸天下、加剧战乱局面的发生与发展。老子作本章，意图制止这种以尚贤为名，引诱人民争权夺利的心志为己用的行为。整个春秋时期可以称为"春秋无义战"——《孟子·尽心下》用一句话总结这一时代的政治特点。我们不能站在当今时代去评说老子是保守派了。从本章认识老子批评当政者的所谓"有为而治",其实质是有我为、有虚为、有妄为,失德少信。

第四章　挫锐解纷　和光同尘

道冲，而用之或不盈。渊兮，似万物之宗；挫其锐，解其纷，和其光，同其尘。湛兮！似或存。吾不知，谁之子，象帝之先。

【译文】道空虚无形，而其作用无穷尽。混沌渊蔽，犹如万物的本原归宿；平抑锐气，散开纷乱，和顺光采，混同尘世。空寂隐没，像曾经来过。我不了解，它是怎么产生的，比万象的主宰更早。

【解析】"道冲"——"大盈若冲"（第四十五章）。

"用之或不盈"——"用之不勤"（第六章）、"用之不足既"（第三十五章）。

"渊兮"——"心善渊"（第八章）、"鱼不可脱于渊"（第三十六章）。

本章的"挫其锐，解其纷，和其光，同其尘"也出现于第五十六章，与老子的群众观点相呼应。《道德经》对道的描摹比拟，一是"人民群众"，二是"上善若水"。综合全经，道既有宏观上的道——天地人，又有微观上的道，见后续章节解析。

第五章　圣人不仁　虚而守中

天地不仁，以万物为刍狗。圣人不仁，以百姓为刍狗。天地之间，其犹橐龠乎？虚而不屈，动而愈出。多言数穷，不若守中。

【译文】天地不亲仁，观万物为草食的狗。圣人不亲仁，观百姓为草食的狗。天地之间，犹如风箱。空虚而蓄积力量，挤压而加速产出。多施政令，加速穷困，不如持守清静无为。

【解析】草食的狗：自在自生，无需看护保育。

天地之间犹如巨大的风箱四季飘风，因而有雨露霜雪，有时风过大也会造成对万物的伤害。圣人的政令也应效仿天地，依时适度下达，使百姓依时而作，得到休养生息的空间。本章可联系第二十三章"希言自然"以及第六十章"治大国，若烹小鲜"：为民守信、利民而不扰民。以道治天下，人民能享受到利而不害的安定幸福生活。

第六章　谷神不死　绵绵若存

谷神不死，是谓玄牝。玄牝之门，是谓天地根。绵绵若存，用之不勤。

【译文】山谷的道不灭，是衍化生命的母体。衍化生命之门，是天地的根本。微弱而不止息，作用不可穷尽。

【解析】"玄"——"玄之又玄"（第一章）。

"玄牝之门，是谓天地根。绵绵若存，用之不勤"——"天门开阖，能为雌乎"（第十章）。

天地间的万物，无论动物还是植物，都以不同的生育繁衍方式发展物种和群体，自然界充满生存竞争。人和其他万物一样以种群的方式繁衍后代，只有保持绵绵不绝地繁衍后代，才使天地间充满生机与希望。要观察和掌握它们的生存循环之道，了解它们的生存发展规律，进而了解道的发展规律。"发展是硬道理"，世界上的一切事物没有持续的发展就会有消亡，用在人类社会也是如此。老子一贯重视雌柔，把雌柔看作是世界发展的源泉。因而有"知其雄，守其雌，为天下溪"之说（第二十八章）。

第七章　天长地久　以不自生

天长地久。天地所以能长且久者，以其不自生，故能长生。是以圣人后其身而身先，外其身而身存。非以其无私邪？故能成其私。

【译文】天长生，地久在。天地之所以能长生久在，是因为其不为自身而生存，所以能长生久在。因此，圣人谦让无争、让利给众人，而自身领先；将自身利益置之度外，而自身得以保全。正因为其无私，所以能自我保全和实现。

【解析】"后其身而身先"——"欲先民，必以身后之"（第六十六章）。

本章以天地的长久、利生万物，比拟尧、舜、禹等古人无私奉献的公仆精神，赢得人民群众的爱戴，从而能达到无为而治、天下为公的大好局面。

第八章　上善若水　利物不争

上善若水。水善利万物而不争，处众人之所恶，故几于道。居善地，心善渊，予善天，言善信，正善治，事善能，动善时。夫唯不争，故无尤。

【译文】上等的善犹如水。水善于利益万物而不争竞，居于众人不甘之处，所以接近于"道"。它居善于随顺地形，心胸沉静包容，给予顺应天道，命令必有信验，治理妥当服众，处事临机使能，奔腾蓄力待时。正因为不争，所以没有过失怨尤。

【解析】"处"，有本作"居"。

"居善地，心善渊"——"人法地"；

"予善天，言善信"——"地法天"；

"正善治，事善能，动善时"——"天法道，道法自然"（第二十五章）。

"予善天"——"天地不仁"（第五章）：不亲仁、不加主观好恶。

中国古代五行学说，《尚书·洪范》："五行，一曰水，二曰火，三曰木，四曰金，五曰土。"本章列水为上善。第七十八章也提到水，结尾指出："受国之垢，是谓社稷主；受国不祥，是为天下王。"疑似指共和行政的召公，他曾谏周厉王：堵众人之口如同堵川。后召公掩护周厉王之子，而牺牲自己的儿子，14年后重立周厉王之子为君。"受国不祥"的召公成为周室执政之臣。水在第三十九章被暗指是山谷和万物得一的道：山谷得一则盈，失之则竭；万物得一则生，失之则灭。传统文化用数字"一"代表道。老子惜字如金，常以一字之征寓意深远。读《道德经》须前后贯穿理解其全意。

第九章　功成身退　天之道也

　　持而盈之，不如其已。揣而锐之，不可长保。金玉满堂，莫之能守。富贵而骄，自遗其咎。功成身退，天之道也。

　　【译文】抱持而不断充盈，不如适可而止。锤击而使锐利，无法长久保持。金玉珍宝堆满堂室，不能守护牢藏。富贵而骄满，给自己带来怨咎。功业既成而谦退，是自然之道。

　　【解析】"持而盈之"——"大盈若冲"（第四十五章）。

　　"金玉满堂，莫之能守"——"多藏必厚亡"（第四十四章）。

　　"自遗其咎"——"咎莫大于欲得"（第四十六章）。

　　"功成身退，天之道也"——"知足之足，常足矣"（第四十六章）。

　　本章意思很明显，告诫人们不要贪功贪利，欲壑难填必有祸殃。一个人只要以贪自己功利为志，必然要放弃和损害公利，最终会受到公平天道的惩处。

第十章　爱民治国　能无为乎

　　载营魄抱一，能无离乎？抟气致柔，能如婴儿乎？修除玄览，能无疵乎？爱民治国，能无为乎？天门开阖，能为雌乎？明白四达，能无知乎？生之畜之，生而不有，为而不恃，长而不宰，是谓玄德。

　　【译文】身心遵奉守道，能始终不离吗？会聚精气，柔和温顺，能像婴儿一样吗？修整清洁心灵，观照万物，能没有瑕疵成见吗？爱护民众、治理国家，能不加施为吗？维护道的变化发展，能守静守雌吗？明理达物，能不用智巧吗？产生、养育，产生而不拥有，建立而不倚仗，成熟而不收获，这叫玄德。

　　【解析】"载"，有本作"戴"。"修除"，有本作"涤除"。"抟气致柔"，有本作"专气致柔"。

　　"抱一"——"圣人抱一为天下式"（第二十二章）。

　　"载营魄抱一，能无离乎"——"善抱者不脱"（第五十四章）。

　　"抟气致柔"——"冲气以为和"（第四十二章）、"心使气曰强"（第五十五章）。

　　"修除玄览，能无疵乎"——"修之于身，其德乃真"（第五十四章）。

14

"爱民治国，能无为乎"——"为无为，则无不治"（第三章）、"无为而无不为，取天下常以无事"（第四十八章）、"我无为，而民自化"（第五十七章）。

"天门开阖，能为雌乎"——"玄牝之门，是谓天地根。绵绵若存，用之不勤"（第六章）。

"明白四达，能无知乎"——"圣人不行而知，不见而明"（第四十七章）。

"玄德"——"玄之又玄"（第一章）、"玄牝"（第六章）。

保持道的始终如一，老子从几个方面提出反问，意旨就是要求有道的君子应持之以恒，修炼自己的道德，胜不骄，败不馁，不骄不躁。只有这样才算是有道君子的风范，才能做到无为而治，使天下长治久安，使事业终获成功。有功于天下苍生而功高不居，这才是最大的德。

第十一章 有以为利 无以为用

三十辐共一毂，当其无，有车之用。埏埴以为器，当其无，有器之用。凿户牖以为室，当其无，有室之用。故有之以为利，无之以为用。

【译文】三十根辐条连接一根毂，中间有圆孔以连接车轴，构成车的作用。揉和黏土制作容器，有中空之处，构成容器的作用。开凿门窗建造房屋，留有空间，构成房屋的作用。所以，有是利益的基础，无是作用的基础。

【解析】"有之以为利，无之以为用"——"水善利万物而不争"（第八章）、"绝圣弃智，民利百倍"（第十九章）、"国之利器不可以示人"（第三十六章）、"人多利器，国家滋昏"（第五十七章）、"天之道，利而不害；圣人之道，为而不争"（第八十一章）。

本章进一步提醒人们深入了解第一章的"有""无"论道。我们从这三个例子来看，老子旨在提醒：这个"无"不仅指空间的作用，更重要的是关系到质量的作用。例如，车毂连接车轴的部分，不是说仅利用它的间隙，而是重视车的核心部位——连接车轴的车毂的质量，对材料质量要求非常之高，在此提醒人们注意。"无"的细微之处，如（埏埴以为）器的孔的地方，也决定乐器使用的质量问题，而绝不是仅作为吹而用孔；再如制作容器，其出口、入口的使用作用不可忽略。就拿房屋的窗和室内布局来说，也需要讲究构造的质量，显然不是只要空室的作用——要发挥有以为利、无以为用的功能，必须讲究房屋的质量。因而对于"无"的运用不仅是指空间作用，更应重视质量的内涵，对事物内部本质规律性的认识。

第十二章　色令目盲　为腹不目

五色令人目盲。五音令人耳聋。五味令人口爽。驰骋畋猎，令人心发狂。难得之货，令人行妨。是以圣人之治，为腹不为目，故去彼取此。

【译文】多视美色令人目盲。多听美音令人耳聋。多尝美味令人口舌无味。驰骋纵横、尽情地狩猎，令人心神外驰、狂浪不羁。稀有难得之物，妨碍人的行动。因此，圣人的治理，从事于基本需求，不为感官享受，所以有所取舍。

【解析】多视美色令人目盲——"天下皆知美之为美，斯恶已"（第二章）、"美之与恶，相去若何"（第二十章）。分别说明：事物的程度从量变到质变、矛盾双方的相互转化、矛盾双方的相似性。

"圣人之治，为腹不为目"——"圣人之治，虚其心，实其腹，弱其志，强其骨"（第三章）。

"去彼取此"，也出现于第三十八、七十二章末。

本章"去彼取此"之治身：控制感观物欲的诱惑，保持生活简朴、有节制；治国治家（管理）：从事于基本需求，不为感官享受。本章意思明确，与老子提倡三宝的意见一致："一曰慈，二曰俭，三曰不敢为天下先。"老子提倡简朴、俭啬（"俭"）是基于古代生产力水平，只有俭才能施惠广大群众，批评权贵的穷奢极欲（第五十三章）。

第十三章　宠辱不惊　可寄天下

宠辱若惊，贵大患若身。何谓宠辱若惊？宠为上辱为下，得之若惊，失之若惊，是谓宠辱若惊。何谓贵大患若身？吾所以有大患者，为吾有身。及吾无身，吾有何患？故贵以身为天下，若可寄天下。爱以身为天下，若可托天下。

【译文】对待宠爱和屈辱如同受到惊吓，重视大患如同亲身感受。什么是对待宠爱和屈辱如同受惊？以宠爱为尊上，以屈辱为卑下，得到了如同受惊，失去了如同受惊，这叫对待宠爱和屈辱如同受惊。什么是重视大患如同亲身感受？我之所以有大患，是因为我有身体。到我没有身体时，我有什么患呢？所以，以重视自身的方式建设天下，或许可以把天下交给他管理。以爱惜自身的方式建设天下，或许可以把天下托付给他。

【解析】"贵以身为天下"，有本作"贵为身以为天下"。译文中的"方式"也即原则、准则、道："为腹不为目"（第十二章）。

上章讲道：身体的基本需求（"腹"）是根本，感官享受（"目"）是末。本章延伸解读"为腹不为目"："宠辱""惊""患"等与外在的情绪联结也属于"目"，没有

"身"重要。治理好天下的前提仍然是认识自己的身体，以推及了解民众的基本需求，这是寄托天下的基础。

古圣大舜是宠辱不惊的典型，因而受到尧帝的赏识把天下托付给他，并以两女妻之，九子佐之，终使天下大治。老子赞扬有作为的圣人：了解自身、推己及人，以身为天下，不计个人得失荣辱。

第十四章　执古之道　以御今有

视之不见曰夷，听之不闻曰希，搏之不得曰微。此三者不可致诘，故混而为一。其上不皦，其下不昧，绳绳兮不可名，复归于无物。是谓无状之状，无物之象，是谓惚恍。迎之不见其首，随之不见其后。执古之道，以御今之有。能知古始，是谓道纪。

【译文】看之不见的，称之为夷。听之不闻的，称之为希。触之不得的，称之为微。这三者无法考察，所以笼统称为一。它的上限不明亮，它的下限不暗昧，无所不在，无法名状、无头绪，复归有物之前。这是形状形成前的状态，物体形成前的形象，这叫幽深广远。迎着它看不出其兆始，跟随它看不出其结果。掌握过去的发展轨迹，以治理和应对现实情况。能了解过去的兆始，是道的理路。

【解析】"听之不闻曰希"——"大音希声"（第四十一章）。

"其下不昧"——"明道若昧"（第四十一章）。

"绳绳兮"，有本作"寻寻呵"。

"复归于无物"——"各复归其根"（第十六章）、"复归于婴儿""复归于无极""复归于朴"（第二十八章）、"复归其明"（第五十二章）。

"惚恍"，有本作"沕望"。

"是谓惚恍"——"惚兮其若海，恍兮其若无止"（第二十章）、"道之为物，惟恍惟惚。惚兮恍兮，其中有象。恍兮惚兮，其中有物"（第二十一章）。

作者运用古人探究微观世界的某些技术方法，传承传统技艺和智慧总结，来说明这也是探究道的重要方面，也与老子研究重视"无"的世界有关联，从微观世界认识和应用道。

第十五章　保道不盈　敝而新成

　　古之善为道者，微妙玄达，深不可识。夫唯不可识，故强为之容。豫兮若冬涉川，犹兮若畏四邻，俨兮其若客，涣兮其若凌释，沌兮其若朴，浑兮其若浊，旷兮其若谷。孰能浊以静之徐清？孰能安以动之徐生？保此道者不欲盈。夫唯不盈，故能敝而新成。

　　【译文】古时候善于运用道的，用功于微妙而远达，深奥而无法了解。正因为无法了解，所以勉强形容。筹谋豫备，如冬天过河。犹疑未决，如畏周遭环境。俨然庄重，如身处客位。涣散不居，如冰凌融释。混沌蒙昧，如质朴未开。浑沦不明，如藏污纳垢。渊旷空虚，如幽深山谷。谁能身处浑浊，以静而徐徐澄清？谁能身处安定，以动而徐徐勃发？保持这个道的不追求盈满，正因为不追求盈满，所以能敝中成新。

　　【解析】"善为道者"，有本作"善为士者"。

　　"玄达"，有本作"玄通"。

　　"豫兮若冬涉川"，有本作"与呵若冬涉水"；"兮"均作"呵"。

　　"沌兮"——"沌沌兮"（第二十章）。

　　"其若朴"——"见素抱朴"（第十九章）、"复归于

23

朴。朴散为器"（第二十八章）、"镇之以无名之朴"（第三十七章）。

"安"——"安平太"（第三十五章）、"其安易持"（第六十四章）

"安以动之徐生"——"动而愈出"（第五章）、"动善时"（第八章）、"反者道之动……天下万物生于有，有生于无"（第四十章）、"人之生，动之于死地"（第五十章）。

"不欲盈"——"旷兮其若谷""用之或不盈"（第四章）、"持而盈之，不如其已"（第九章）、"洼则盈"（第二十二章）、"去甚，去奢，去泰"（第二十九章）、"大盈若冲"（第四十五章）。

"敝而新成"——"敝则新"（第二十二章）。

"豫兮"之后的七句是"强为之容"的内容，似皆与冬天过河有关："豫"是作准备；"犹""畏""俨"是形容踩冰过河时的情绪；"涣兮"句承上启下，标志积冰开始破裂；后三句的"沌""浑""旷"描写与周遭环境（如冰凌、融水等）接触、交往、浑同、包容的情状。上章讲"夷""希""微"之"不可致诘"，本章开篇讲"善为道者"用功于微妙之处，后以排比句描写"善为道者"应对社会的处世过程，即知变（"执古之道"）、识变、应变（"以御今之有"）的过程，"是谓道纪"。"孰能"两句描写"善为道者"浑同于"浊""安"的环境中，而能以

"静""动"逐渐掌握局面、进化协同，所以能"敝而新成"。

本章呼应第四章，"道冲，而用之或不盈"。人民群众是道的主体之一。"善为道者"浑同于周围环境（如人民群众）的"浊""安""敝"，不追求极致的"清""生""新"，从而能带动周围环境不断"敝而新成"。本章主要讲述"古之善为道者"的作为，说明古圣先君们总是身教多于言教，以全体群众的共同利益为努力方向，总能为群众兴利除弊。

以往有的注解认为：老子的道没有实指，即不可言状的"道"，本章只是拟人的修辞。笔者提出不同看法，亦请读者指教。七个排比句可以理解为面对群众和时局的表现。把握人民群众的主流很重要，能使混浊局面澄清，使沉寂局面生动，使之与时俱进，不断推陈出新。这正是老子无为而治的内涵。

第十六章　致虚守静　归根复命

致虚极，守静笃。万物并作，吾以观复。夫物芸芸，各复归其根。归根曰静，静曰复命。复命曰常，知常曰明。不知常，妄作凶。知常容，容乃公，公乃王，王乃天，天乃道，道乃久，没身不殆。

【译文】追求更空虚，持守更宁静。万物都在运动，我以虚静观照其循环往复。万物各有不同，各自复归其本根。复归本根是静，静是复归生命的本体。复归生命的本体是道性，明了道性是明理。不了解道性，妄为会凶险。了解道性于是包容，包容于是为公，为公于是获得归附，获得归附后因循自然，因循自然合乎道，合乎道会长久，终身不会危殆。

【解析】"致虚极"——"保此道者不欲盈"（第十五章）。

"守静笃""归根曰静"——"浊以静之徐清"（第十五章）、"静为躁君"（第二十六章）、"静胜躁……清静为天下正"（第四十五章）。

"复归其根"——"复归于无物"（第十四章）、"复归于婴儿""复归于无极""复归于朴"（第二十八章）、"复归其明"（第五十二章）。

26

"公乃王"——"江海所以能为百谷王者"（第六十六章）、"受国不祥，是为天下王"（第七十八章）。

"天乃道，道乃久"——"天长地久"（第七章）。

本章的哲学观点，拟似描写事物从量变到质变完成循环往复，即否定之否定的自然发展过程。老子以其唯物辩证观去观察自然和社会，反映出事物发展的本来运动规则，即对立统一、量变到质变、否定之否定的三大规律。没有对自然社会的深入研究，不可能得出事物发展规则的深刻认识。联想到马克思、恩格斯所说的：细胞学说、能量守恒和转化定律、进化论、有机化学等研究成果，促进了马克思唯物辩证法的成熟，从而使马克思主义成为科学真理，成为认识论的一把钥匙。中国人的文化和理论自信来源于古代哲学家的启蒙，也是人类的喜事。本章从天地万物的联系及其代谢循环，阐述遵循天道的理论。尚请读者共同解读。

第十七章　悠兮贵言　百姓自然

太上，不知有之。其次，亲之誉之。其次，畏之。其次，侮之。信不足焉，有不信焉。悠兮，其贵言。功成事遂，百姓皆谓我自然。

【译文】最上等的管理者，不被知晓其存在。其次的管理者，被亲近赞誉。再次的管理者，被畏惧。更次的管理者，被轻侮。管理效验不足，会出现不信任。悠闲自在，谨慎言行。功业既成、事情顺遂，百姓都认为我们自然如此。

【解析】"其次，亲之誉之"——"天下皆知美之为美，斯恶已"（第二章）。

"信不足焉，有不信焉"——"其精甚真，其中有信"（第二十一章）、"信不足焉，有不信焉"（第二十三章）、"夫礼者，忠信之薄"（第三十八章）、"信者，吾信之。不信者，吾亦信之。德信"（第四十九章）、"夫轻诺必寡信"（第六十三章）、"信言不美，美言不信"（第八十一章）。

"悠兮，其贵言。功成事遂，百姓皆谓我自然"——"希言自然"（第二十三章）、"道法自然"（第二十五章）、"夫莫之命而常自然"（第五十一章）、"以辅万物之自然"（第六十四章）。

28

　　第二章始提出"无为而治"，本章是对不同社会治理状况的描述。不妨从《帝王世纪》的记载中看帝尧治世的状况："天下太和，百姓无事，有八十老人击壤于道。观者叹曰：大哉尧之德也！老人曰：日出而作，日入而息。凿井而饮，耕田而食。帝力于我何有哉！"这里的表述正好与本章"功成事遂，百姓皆谓我自然"互为注解，这也正是"无为而治"的解读蓝本。又可见于第八十章"小国寡民"的设想，似在说人的诚信只有回到结绳记事才能有，不无讽刺世邪之意。本章以三皇五帝时期天下为公、民心所向，对比后世失民心的不同局面。

第十八章　道废仁显　国昏臣忠

　　大道废，有仁义。智慧出，有大伪。六亲不和，有孝慈。国家昏乱，有忠臣。

　　【译文】大道废弃了，开始宣传仁义。使用计谋智巧，出现虚伪欺诈。家庭不和睦，强调孝敬与慈爱。国家黑暗混乱，出现忠臣。

　　【解析】"大道废，有仁义"——"天地不仁……圣人不仁"（第五章）、"绝仁弃义，民复孝慈"（第十九章）、"上仁为之而无以为，上义为之而有以为……失道而后德，失德而后仁，失仁而后义，失义而后礼"（第三十八章）。

　　"智慧出，有大伪"——"使夫智者不敢为也"（第三章）、"明白四达，能无知乎"（第十章）、"绝圣弃智"（第十九章）、"虽智大迷"（第二十七章）、"知人者智"（第三十三章）、"民之难治，以其多智。故以智治国，国之贼"（第六十五章）。

　　"有孝慈"——"绝仁弃义，民复孝慈"（第十九章）。

　　"国家昏乱"——"人多利器，国家滋昏"（第五十七章）。

"有忠臣"——"夫礼者,忠信之薄,而乱之首"(第三十八章)。

承接上章,本章继续叙述,上古太上之治的以道、德治世失去之后,后世之君才有了提倡仁义、孝慈、忠良的必要,以此提高人们对以道、德治世的向往,批评了虚伪的施政策略。

第十九章　绝圣弃智　绝学无忧

绝圣弃智，民利百倍。绝仁弃义，民复孝慈。绝巧弃利，盗贼无有。此三者以为文不足，故令有所属。见素抱朴，少私寡欲，绝学无忧。

【译文】弃绝圣明和智谋，民众获益百倍。弃绝仁义的口号，民众复归孝顺和慈爱的本性。弃绝机巧和货利，盗贼消亡。弃绝圣智、仁义、巧利这三条，作为原则尚有不足，所以令人们有以下依从。表现平素、抱持真朴，减少私心、降低欲望，弃绝营求、避免忧虑。

【解析】"绝巧弃利，盗贼无有"——"人多利器，国家滋昏。人多伎巧，奇物滋起。法令滋彰，盗贼多有"（第五十七章）。

"绝学"——"为学日益，为道日损"（第四十八章）、"学不学，复众人之所过"（第六十四章）。

"见素抱朴，少私寡欲，绝学无忧"，分别对应"绝圣弃智""绝仁弃义""绝巧弃利"。

为达到无为而治，必须学道、以民生为首要，而弃学急功近利的种种行为。让人们认识道的重要，才能返朴归真，实现天下为公。

第二十章　众人有以　我贵食母

　　唯之与阿，相去几何？美之与恶，相去若何？人之所畏，不可不畏。恍兮，其未央哉！众人熙熙，如享太牢，如春登台。我泊焉未兆，如婴儿之未孩；累累兮，若无所归。众人皆有余，我独遗。我愚人之心也，沌沌兮。俗人昭昭，我独昏昏。俗人察察，我独闷闷。惚兮其若海，恍兮其若无止。众人皆有以，我独顽且鄙。我独异于人，而贵食母。

　　【译文】 敬诺与呵斥，相距远吗？欣赏与嫌弃，相距远吗？人们所畏惧的，不可不畏惧。发展变化，没有穷尽！众人孜孜营求，如享受盛大筵席，如春日登高抒怀。我安于未兆始之时，似婴儿之未成熟；无牵无挂，似无所依归。众人都完满有余，只有我不足。我心似愚人，混混沌沌。众人智慧闪耀，只有我迟钝暗昧。众人敏锐明察，只有我蒙昧不辨。隐没幽深似海，发展广远如无止息。众人都有求有为，只有我无用处下。我唯独与众不同之处，在贵道务本。

　　【解析】 "美之与恶，相去若何"——"天下皆知美之为美，斯恶已"（第二章）。

　　"人之所畏，不可不畏"——"其次，畏之"（第十七章）、"行于大道，惟施是畏"（第五十三章）、"民不畏威，则大威至"（第七十二章）。

"恍兮，其未央哉"，有本作"荒兮"。——"恍兮其
若无止"。

"未兆"——"其未兆易谋"（第六十四章）。

"如婴儿之未孩"——"常德不离，复归于婴儿"（第
二十八章）。

"惚兮其若海，恍兮其若无止"——"是谓惚恍"（第
十四章）、"孰能浊以静之徐清？孰能安以动之徐生"（第
十五章）、"道之为物，惟恍惟惚"（第二十一章）。

"而贵食母"——"有名，万物之母"（第一章）、
"可以为天地母"（第二十五章）、"天下有始，以为天
下母。既得其母，以知其子；既知其子，复守其母"（第
五十二章）、"有国之母，可以长久"（第五十九章）。

作者列出与众人不同的地方，不流于世俗；提到群众
（意见、行动）的普遍流动方式。老子从群众中了解群众对
执政者的看法，从而吸取治国理政的好的方法和途径；形容
自己不随波逐流，有独立思考和分析的习惯，理解道的规律
以应用。

第二十一章　孔德从道　以阅众甫

　　孔德之容，惟道是从。道之为物，惟恍惟惚。惚兮恍兮，其中有象。恍兮惚兮，其中有物。窈兮冥兮，其中有精。其精甚真，其中有信。自今及古，其名不去，以阅众甫。吾何以知众甫之状哉？以此。

　　【译文】大德的运作和形态，是由道所决定的。道作用于物的机制，发展广远、隐没幽深。幽深广远啊，有表现。广远幽深啊，有实在。幽远玄渺啊，有不变的规律。这规律非常真实、可信验。从当今上溯到古代，这种信验的效果不变，以观照万物生发。我怎么知道万物的缘起情状呢？靠认识和了解道的作用机制。

　　【解析】"窈"，有本作"幽"。"甫"，有本作"父"。

　　"自今及古，其名不去"——"名可名，非常名"（第一章）。

　　本章老子解释他所认识的道，如人民群众和水这两个道在历史上所发挥的作用，及其一直对事物发展起关键决定作用，说明认识道的重要性。要认识道，必须透过事物纷乱的外表，认识其本质和规律。

第二十二章　曲全枉直　抱一为式

　　曲则全，枉则直，洼则盈，敝则新，少则得，多则惑。是以圣人抱一为天下式。不自见故明，不自是故彰，不自伐故有功，不自矜故长。夫唯不争，故天下莫能与之争。古之所谓曲全者，几语哉！诚全而归之。

　　【译文】委曲会保全，屈枉会伸直，低洼会充盈，敝陋会更新，少取会获得，多得会迷惑。因此，圣人复归本性、无为，成为天下范式。不以自我为中心所以能明理，不自以为是所以能显明，不专断所以能有建树，不自大所以能成长。正因为不争，所以天下都无法与他争。古时候所称的委曲会保全，是见微知著的话！确实能够保全而复归本性。

　　【解析】"枉则直"，有本作"枉则正"。

　　"枉则直"——"直而不肆"（第五十八章）。

　　"敝则新"——"敝而新成"（第十五章）。

　　"是以圣人抱一为天下式"——"知其白，守其黑，为天下式。为天下式，常德不忒，复归于无极"（第二十八章）。

　　"夫唯不争，故天下莫能与之争"——"夫唯不争，故无尤"（第八章）、"以其不争，故天下莫能与之争"（第六十六章）、"圣人之道，为而不争"（第八十一章）。

老子一再阐述君子不争之德，最终达到无为而治的目标。本章着重从事物相反的方面提醒人们用辩证观点看待得失、荣辱、功过、争与不争等。强求私利的一方适得其反，不争私利的一方反而得到好的结果。

第二十三章　希言自然　合道同德

希言自然。飘风不终朝，骤雨不终日。孰为此者？天地。天地尚不能久，而况于人乎？故从事而道者同于道，德者同于德，失者同于失。同于道者，道亦乐得之。同于德者，德亦乐得之。同于失者，失亦乐得之。信不足焉，有不信焉。

【译文】少言无为，可获得合乎自然的结果。旋风刮不了一早上，骤雨下不了一整天。谁刮风下雨？天地。天地之有为尚且不能长久，更何况是人呢？所以，处事有道的，做法同于道的运行机制（简称道行，如无为）；处事有德的，做法同于德的运行机制（简称德行，如希言）；处事有失的，做法同于失的运行机制（如狂暴）。做法同于道的，易于得道果。做法同于德的，易于得德果。做法同于失的，易于得失果。得道、失道的程度不足时，其信验效果有时并未显露。

【解析】"希言自然"——"多言数穷，不若守中"（第五章）、"听之不闻曰希"（第十四章）、"大音希声"（第四十一章）。

"骤雨"，有本作"暴雨"。

合道者无为，同德者希言，失道德者狂暴。合道者，无为有益；同德者，希言自然；失道德者，狂暴失序。本章承上启下。上章从古语"曲全"出发，例举"希言自然"的表现形式："曲则全，枉则直，洼则盈，敝则新，少则得……不自见故明，不自是故彰，不自伐故有功，不自矜故长"——"同于道""同于德"。而"多则惑"以及下章的"企者不立，跨者不行。自见者不明，自是者不彰。自伐者无功，自矜者不长"则"同于失"。

第二十四章　自见自是　物恶道弃

企者不立，跨者不行。自见者不明，自是者不彰。自伐者无功，自矜者不长。其在道也，曰余食赘行。物或恶之，故有道者不处。

【译文】踮起脚跟，不能久站；跳着走，走不远。以自我为中心的无法明理，自以为是的无法显明。专断的没有建树，自大的无法成长。在道行中，这些就是剩饭和多此一举，有可能让事物发展到令人厌恶的地步，所以有道的人不会这么做。

【解析】"自见者不明，自是者不彰。自伐者无功，自矜者不长"——"不自见故明，不自是故彰，不自伐故有功，不自矜故长"（第二十二章）。

本章道理自明，说明人要踏实和谦虚做事情，漂浮和骄傲是做不好任何工作的，更不能完善道；有道的人是不会犯这样错误的。

第二十五章　人法地天　道法自然

　　有物混成，先天地生。寂兮寥兮，独立而不改，周行而不殆，可以为天地母。吾不知其名，强字之曰道，强为之名曰大。大曰逝，逝曰远，远曰反。故道大，天大，地大，人亦大。域中有四大，而人居其一焉。人法地，地法天，天法道，道法自然。

　　【译文】有一混然之物，生于天地之先。无声无形，自主不变，遍行无止，可以用它考察天地的起源。我不知道它的名字，径自把它叫作道，径自把它形容为大。它的大无声无形，无声无形而遍行无止，遍行无止而复归本性。所以说道大，天大，地大，人也大。宇宙中有四样大，而人占其一。人取法地，地取法天，天取法道，道行自然。

　　【解析】"先天地生"——"象帝之先"（第四章）、"天下有始，以为天下母"（第五十二章）。

　　"寂兮寥兮"——"大音希声，大象无形"（第四十一章）。

　　"可以为天地母"——"天下有始，以为天下母。既得其母，以知其子；既知其子，复守其母；没身不殆"（第五十二章）。

　　"远曰反"——"反者道之动"（第四十章）、"玄德

41

深矣，远矣，与物反矣"（第六十五章）。

"道法自然"——"百姓皆谓我自然"（第十七章）、"希言自然"（第二十三章）、"道之尊，德之贵，夫莫之命而常自然"（第五十一章）、"以辅万物之自然，而不敢为"（第六十四章）。

"有物混成，先天地生"表明老子的唯物论和宇宙观，说明《道德经》建立在先人天文知识和宇宙思想的基础上——这要经过数代、漫长、有组织、有记录的观察和积累方能形成。本章也指出人类社会与自然界在规律上的贯通性：都要遵循道的运行规律——天地因此而生，人类社会也因此而转。人法地之厚德，地法天之行健，天法道之自然。

第二十六章　道者器重　轻躁失根

重为轻根，静为躁君。是以圣人终日行不离辎重。虽有荣观，燕处超然。奈何万乘之主，而以身轻天下？轻则失根，躁则失君。

【译文】 重是轻的根本，重影响轻；静是躁的君主，静管理躁。因此，圣人行走一天，会准备行李。即使有广大的宫阙，闲居独处也自得。可惜拥有万辆战车的国君，却用自身影响、左右天下。不自量力会失去原有的根基，躁会失去君位。

【解析】

"重为轻根"——"是以圣人终日行不离辎重"。

"静为躁君"——"虽有荣观，燕处超然""静胜躁……清静为天下正"（第四十五章）。

"轻则失根"——"夫物芸芸，各复归其根。归根曰静"（第十六章）、"是谓深根固柢，长生久视之道"（第五十九章）。

本章为什么以万乘之君作轻躁之比？喻义轻易发动战争后果是危险的；也评价人轻率地决策、做事可能造成错误，做事前要冷静分析。暗喻轻易发动战争的统治者轻举妄动、误国误民。

第二十七章　善行无辙　贵师爱资

　　善行无辙迹，善言无瑕谪。善数，不用筹策。善闭，无关楗而不可开。善结，无绳约而不可解。是以圣人常善救人，故无弃人；常善救物，故无弃物。是谓袭明。故善人者，不善人之师。不善人者，善人之资。不贵其师，不爱其资，虽智大迷。是谓要妙。

　　【译文】善于以道行走，不用乘具而没有车辙痕迹；善于以道言谈，不用词句而没有瑕疵过失。善于以道算数，不用算数工具。善于以道关闭，不用栓、无法打开。善于以道打结，不用绳索、无法解开。因此，圣人善于以道救人，所以没有道外之人；善于以道救物，所以没有道外之物。这就是传道。所以，有道的人，值得无道的人师从效法；无道者，是有道者的资源凭借。不尊重自己的老师，不爱惜自己的资源，即使有才智，也会迷失方向。这就是道的精要奥妙。

　　【解析】"善行无辙迹，善言无瑕谪"——"是以圣人处无为之事，行不言之教"（第二章）、"多言数穷，不若守中"（第五章）、"希言自然"（第二十三章）、"不言之教，无为之益，天下希及之"（第四十三章）、"知者不言，言者不知"（第五十六章）、"天之道，不争而

44

善胜，不言而善应，不召而自来，繟然而善谋"（第七十三章）。

老子这种兼爱博爱的精神也正是无为而治的核心思想。三皇五帝之治世，能够做到人无弃人，物无弃物，天下为公，旨在提高全体人民的精神素质，最终达到无为而治的玄同境界。

第二十八章　知雄守雌　大制不割

知其雄，守其雌，为天下溪。为天下溪，常德不离，复归于婴儿。知其白，守其黑，为天下式。为天下式，常德不忒，复归于无极。知其荣，守其辱，为天下谷。为天下谷，常德乃足，复归于朴。朴散为器，圣人用之，则为官长。故大制不割。

【译文】了解道雄强的一面，安居其雌柔的一面，作为天下的溪流。作为天下的溪流，有道、德不离，复归婴儿的状态。了解道皎洁的一面，安居其暗昧的一面，作为天下的范式。作为天下的范式，有道、德不差，复归无极的状态。了解道荣耀的一面，安居其卑辱的一面，作为天下的山谷。作为天下的山谷，有道、德充足，复归朴（蒙昧混沌）的状态。朴散去而产生功用，圣人依此过程就成为管理事物的官员。因此，治理天下不可散朴。

【解析】"知其雄，守其雌，为天下溪"——"天门开阖，能为雌乎"（第十章）、"牝常以静胜牡，以静为下"（第六十一章）。

"溪"：溪流、水道。

"常德不离"，拟指溪水和其河道（"溪"）不分离。

"常德不离，复归于婴儿"——"载营魄抱一，能无离乎？抟气致柔，能如婴儿乎"（第十章）。

"知其白，守其黑，为天下式"——"其上不皦，其下不昧，绳绳兮不可名，复归于无物"（第十四章）、"曲则全……是以圣人抱一为天下式"（第二十二章）。

"常德不忒"，拟指器物和其模子（"式"）无差别。

"知其荣，守其辱，为天下谷"——"江海所以能为百谷王者，以其善下之，故能为百谷王"（第六十六章）。

老子认为守雌守柔能使天下长治久安，这样的政治制度不会割裂。为达到大治，法制不可偏废。本章可以深刻认识到无为而治的内涵，"知其雄"—"守其雌"，"知其白"—"守其黑"，"知其荣"—"守其辱"，坚守事物的两面性才能使事物存在与发展。新生事物往往是处于柔弱的一面，善于发现和促进新生事物的发展，不断创造可持续发展新生事物的条件和空间，同时对阻碍和不利于新生事物发展的方面也能及时予以防范。这是坚守无为而治、上医治未病之病，也是《孙子兵法》中提出的"故善战者之胜也，无智名，无勇功"的内涵所在。本章可以看到老子对国家必要的政治制度的维护持肯定态度。

第二十九章　天下神器　无为无执

　　将欲取天下而为之，吾见其弗得已。天下神器，不可为也，不可执也。为者败之，执者失之。是以圣人无为，故无败；无执，故无失。夫物或行或随，或歔或吹，或强或羸，或载或隳。是以圣人去甚，去奢，去泰。

　　【译文】想要夺取天下、加以施为，我认为这不可行。天下是道的器皿（作用和表现形式），不可施为，不可持有。施为会失败，持有会失去。因此，圣人不加施为，就不会失败；不持有，就不会失去。事物要么前行，要么跟随；要么变热，要么变凉；要么变强，要么变弱；要么增长，要么崩坏。因此，圣人远离过度、远离奢靡、远离安泰的状态。

　　【解析】本章是老子"不敢为天下先"的宗旨。做事要守中，不偏强，不做过分的事。要顺势而为，以信朴无争为原则，普适众生为要旨，因而不会计较个人的进退荣辱。

第三十章　兵强年凶　善果勿矜

以道佐人主者，不以兵强天下。其事好还。师之所处，荆棘生焉。大军之后，必有凶年。善者果而已，不敢以取强。果而勿矜，果而勿伐，果而勿骄，果而不得已，果而勿强。物壮则老，是谓不道，不道早已。

【译文】以道辅佐君主的，不以武力强取天下。用兵会有相应的果报。军事妨害农事，用兵之处荆棘横生。大战之后，一定会出现灾荒年。善于用兵（有道）的人，战胜就可以了，不敢以武力逞强好斗。战胜而不自大，战胜而不专断，战胜而不骄傲，战胜而认为这是不得已而为之，战胜而不逞强好斗。事物发展到极盛就开始衰败，这就叫不符合道，不符合道的会早亡。

【解析】"果而勿矜，果而勿伐"——"不自伐故有功，不自矜故长"（第二十二章）。

"物壮则老"，也见于第五十五章。

"以兵强天下"是上章"天下神器……为者败之，执者失之"的表现形式之一。老子反对战争，但对必要的自卫战争老子是肯定的。第五十七章提出"以正治国，以奇用兵"。关于《道德经》的用兵思想，后文单列一篇《老子的军事思想》总结说明。

第三十一章　兵者不祥　恬淡为上

　　夫兵者不祥之器，物或恶之，故有道者不处。君子居则贵左，用兵则贵右。兵者不祥之器，非君子之器，不得已而用之，恬淡为上。胜而不美，而美之者，是乐杀人。夫乐杀人者，则不可以得志于天下矣。吉事尚左，凶事尚右。偏将军居左，上将军居右，言以丧礼处之。杀人之众，以悲哀莅之。战胜，以丧礼处之。

　　【译文】军事是不祥的功用，于事物多有妨害，所以有道的人不常使用它。君子日常以左为贵，用兵则以右为贵。军事是不祥的功用，不是君子的事业，不得已而使用它，最好恬淡处之、不逞强好胜。战胜也不沾沾自喜，如果沾沾自喜，就是以杀人为乐。以杀人为乐的，无法凭军事取得天下。吉事以左为上，凶事以右为上。偏将军居于左边，上将军居于右边，表示以丧事的礼仪来处理军事。作战人员是去歼灭敌人，以悲哀的心情面对他们。打了胜仗，以丧事的礼仪来处理。

　　【解析】"夫兵者不祥之器"——"益生曰祥"（第五十五章）。

　　"物或恶之"，也见于第二十四章。

　　本章论述战争，重点在其危害民众，含有自古知兵非好战之意。本章与第三十章均以军事斗争为题，讲作者的战争观，待后文总解读。

第三十二章　道朴莫臣　知止不殆

道常无名，朴。虽小，天下莫能臣。侯王若能守之，万物将自宾。天地相合，以降甘露，民莫之令而自均。始制有名，名亦既有，夫亦将知止，知止所以不殆。譬道之在天下，犹川谷之于江海。

【译文】道无法名状、混沌。虽然小，但天下谁都无法役使它。侯王如果能守道，万物将自动归附。天地之气相合，以降下雨露，不用老百姓指使而自然均匀。道开始显示功用、可以名状，有名之后，也要知道返本归道，返本归道就不会危殆。道在天下的作用，犹如川谷归于江海一样自然。

【解析】"侯王若能守之，万物将自宾"——"侯王若能守之，万物将自化"（第三十七章）、"侯王得一以为天下正"（第三十九章）。

"知止所以不殆"——"知止不殆，可以长久"（第四十四章）。

"譬道之在天下，犹川谷之于江海"——"江海所以能为百谷王者，以其善下之，故能为百谷王"（第六十六章）。

本章可以用来说明规章制度对于国家管理的重要作用。老子举出天地相合会降下适时、适量的雨露，如同天下民众享受公利带来的快乐幸福——来自道的公平无私。道的作用似春雨甘露，细而无声，行道使民心归附，如百川入海。

51

第三十三章　自知自胜　知足不亡

知人者智，自知者明。胜人者有力，自胜者强。知足者富，强行者有志。不失其所者久，死而不亡者寿。

【译文】认识、了解他人的，聪明；认识、了解自己的，明理。战胜他人的，有力量；战胜自己（的弱点）的，进步。足够聪明、明理的，丰富、充足；不断进步、挑战自己（自强不息）的，有志气。守道不失的，长久；能够至死不忘的，保全。

【解析】"死而不亡者寿"——"没身不殆"（第十六章、第五十二章）。

本章有非常深的做人做事哲理，不仅鼓励人有志有为、努力向上，更重要的是宣扬一种治国理念，与第五十九章"治人事天，莫若啬"前后呼应。这与齐桓公时期齐相管仲"百年树人"的见解也有异曲同工之妙。有些人只看到老子的处静守柔，却忽视这里的"胜人者有力，自胜者强……强行者有志"。本章说明老子是两点论：在一定的条件下要励志，在一定情况下要理性、讲策略。这正是辩证思维的灵活之处，具体问题具体分析。这才是我们学习老子智慧之处。

第三十四章　大道氾兮　不自为大

大道氾兮，其可左右。万物恃之以生而不辞，功成而不有，衣养万物而不为主。常无欲，可名于小。万物归焉而不为主，可名于大。以其终不自为大，故能成其大。

【译文】大道浸润万物，表现形式多样。万物依赖它存在和发展，而道不称说，对产生的效果也不居为己有，覆盖、润泽万物而不加役使。道作用于细微、肇始，可以形容为小。万物归附而不加役使，可以形容为大。因为道始终不追求自己的大，所以能成就大道。

【解析】"常无欲，可名于小"——"故常无欲，以观其妙"（第一章）。对照理解第一章："常无欲"，道作用于细微、肇始，观察它的微妙作用；"常有欲"，道的效果已然显现，观察它的边界。

"万物归焉而不为主"——"万物将自宾"（第三十二章）。

本章赞美的道，有两个主体，一是人民群众，推动和决定历史进程；二是水，决定了万物的生存生长，因而称之为"上善若水"。而这两种道又可以互比，常把人民群众比作水，把水比作人民群众，两者互见，均可称伟大。

第三十五章　执象不害　道淡不既

执大象，天下往。往而不害，安平太。乐与饵，过客止。道之出口，淡乎其无味，视之不足见，听之不足闻，用之不足既。

【译文】守道，天下归附。归附而不加妨害，平稳、均衡、发展。音乐和美食，吸引过客止住脚步。道的表现形式，淡而无味，看它不可见，听它不可闻，用它不可尽。

【解析】本章进一步说明，人民群众和水的作用虽平淡无奇，容易被人们忽视，但他们的作用不可穷尽、效果美好，提醒大家要珍惜道的作用，永远不要放弃和背离道。

第三十六章　弱可胜强　废可复兴

将欲歙之，必固张之。将欲弱之，必固强之。将欲废之，必固兴之。将欲夺之，必固与之。是谓微明。柔弱胜刚强。鱼不可脱于渊，国之利器不可以示人。

【译文】将要收缩的，一定原本张开。将要减弱的，一定原本强大。将要荒废的，一定原本兴盛。将要失去的，一定原本拥有。这是微妙的道理（道作用于细微之处）。柔弱的状态好于刚强的状态。鱼不可脱离其渊蔽的居所，国家的营利事业不可用来教导民众。

【解析】"微明"——"几语"（第二十二章）。

"鱼不可脱于渊"——"不失其所者久"（第三十三章）。

"国之利器不可以示人"——"人多利器，国家滋昏"（第五十七章）。

最后一句以往的解释以刑法、刑名为国家利器，笔者认为刑法在第七十四章已有论述："常有司杀者杀。"这里不应再次解为刑法。再者，关于利器，第五十七章提出"人多利器，国家滋昏"，若把利器解释为国家法制也不通。法制规章历来可以向人民公示，以让天下人去遵守，显然这与"不可以示人"的所指不同。

第三十七章　万物自化　镇之以朴

道常无为而无不为。侯王若能守之，万物将自化。化而欲作，吾将镇之以无名之朴。镇之以无名之朴，夫将不欲。不欲以静，天下将自正。

【译文】道不加施为而作用遍及万物。侯王如果能守道，万物将自然发展。发展到一定阶段有为和营利之欲兴起，我将让其回归无法名状的混沌状态。回归无法名状的混沌状态，就不会以有为、营利为目的。不以有为、营利为目的，是因为返回本原，天下将自然回归正道。

【解析】"化而欲作"——"国之利器不可以示人"。

"静"——"归根曰静"（第十六章）。

"镇"，有本作"阗"，指安定、充实内心——回归初心。

一般习惯把本章作为道经的最后一章，其实老子全书道中述德、德中述道，但本章的确以道的自然属性论述：天下依道治理后，也应时常警惕人的贪欲发生发展而破坏天下为公的局面，必须有一定的措施去消弭那些贪欲。本章的主旨精神明显，故也认可本章为道经之末这一观点，即为《道德经》上半部之尾。

第三十八章　大德随道　取实去华

上德不德，是以有德。下德不失德，是以无德。上德无为而无以为，下德无为而有以为。上仁为之而无以为，上义为之而有以为。上礼为之而莫之应，则攘臂而扔之。故失道而后德，失德而后仁，失仁而后义，失义而后礼。夫礼者，忠信之薄，而乱之首。前识者，道之华，而愚之始。是以大丈夫处其厚，不居其薄；处其实，不居其华；故去彼取此。

【译文】上德不为德，因此有德。下德执着于德，因此无德。上德无所施为而无目的，下德无所施为而有目的（不离德）。上仁有所施为而无目的，上义有所施为而有目的。上礼有所施为而无回应，就放弃了礼。所以，失道之后为德，失德之后为仁，失仁之后为义，失义之后为礼。礼，是忠信的末节，也是乱的发端。预知的智慧，是道的末节，也是愚昧的开端。因此，大丈夫为道、不拘于礼，为道、不预知，所以有所取舍。

【解析】老子的无为而治实际体现在本章的"道治"和"德治"两个层面，本章依次解析道和上德，下德、仁、义、礼的治国方略，从下德开始都是"有为而治"。老子所描写的无为而治很明显就是道治和（上）德治这种天下为公的结果。本章与全书意思一致：宣扬道德社会实行的无为而治，批评礼治社会的有我为、有虚为、有妄为。

第三十九章　贱为贵本　下为高基

昔之得一者，天得一以清，地得一以宁，神得一以灵，谷得一以盈，万物得一以生，侯王得一以为天下正。其致之，谓天无以清将恐裂，地无以宁将恐废，神无以灵将恐歇，谷无以盈将恐竭，万物无以生将恐灭，侯王无以正将恐蹶。故贵以贱为本，高以下为基。是以侯王自称孤、寡、不谷。此非以贱为本邪？非乎？故至誉无誉，是故不欲琭琭如玉，珞珞如石。

【译文】往昔事物处于真朴、混沌时的状态：天清明、地安宁、神灵验、山谷充盈、万物生长、侯王是天下表率。达到这些状态后，天无法（继续）维持清明将恐崩裂，地无法维持安宁将恐荒废，神无法维持灵验将恐搁置，山谷无法维持充盈将恐枯竭，万物无法维持生长将恐灭亡，侯王无法作为天下表率将恐下台。所以，贵以贱为根本，高以下为基础。因此，侯王称自己为孤家、寡人、不谷。这难道不是以贱为根本吗？不是吗？所以，达到了美名就失去美名，因此，不愿意达玉之美、石之坚。

【解析】"一"——"朴"（第三十七章）。

本章描述各种事物发展过程中得道和失道的不同结果。为什么唯独把水、人民群众（或称百姓）排除在外？山谷得道则盈，失道则竭；万物得道则生，失道则灭——这是水的效果。关于神和侯王，道指人民群众的信任和支持，神人得道则灵，失道则歇；侯王得道则"为天下正"，失道就要垮台。接着，以"贵以贱为本，高以下为基"作总结，尝侯王谦称自己为孤家、寡人作例子。笔者认为本章反映出老子的观点：水和人民群众都是道的主体。部分读者认为老子的道不能是实体，原因在于他们把第一章"道可道，非常道"理解为：可用语言表述的道，就不是永恒不变的道。

第四十章　反者道动　弱为道用

反者道之动，弱者道之用。天下万物生于有，有生于无。

【译文】返回本原，是道的导向。保持柔弱，是道的应用。天下万物生于有形的实体，有形的实体生于混沌的虚无。

【解析】事物的发展是对立面的斗争：代表生的一面占优势，就向生的方向发展；代表灭的一面占优势，就向灭的方向发展。一切生命体初始都是柔弱的。因此，用道、守道就要保持柔弱的一面占优势，即"弱者道之用"。老子在多章论述过微观世界，例如第十四章"视之不见曰夷……"。老子的"无"是相对于"有"，指人们看不到的"物"的运动状态。因而老子的思想既是唯物的，又是辩证的，只是老子的辩证所论命题广大，如上章的天、地、万物、侯王等，空间上无边无际，时间上无穷无尽，必须以唯物辩证的观点去体会老子深邃的道理阐述。老子的论述往往需多章节对照领会，才能掌握其意旨。从事物客观运动总的规律来理解，本章与太极图同义。

第四十一章　闻道勤行　善贷且成

上士闻道，勤而行之。中士闻道，若存若亡。下士闻道，大笑之。不笑不足以为道。故建言有之，明道若昧，进道若退，夷道若纇，上德若谷，广德若不足，建德若偷，质德若渝，大白若辱，大方无隅，大器晚成，大音希声，大象无形，道隐无名。夫唯道，善贷且成。

【译文】上士听闻道，随道而行。中士听闻道，时行时弃。下士听闻道，大笑。不笑不足以开始为道。所以奉上以下的话：光明的道显得暗昧，前进的道显得后退，平坦的道显得不平，上德像山谷处下，广大的德显得不足，建设的德显得减损，真朴的德显得混浊，大的洁白显得有污，大的方形没有棱角，大的器物、效用晚形成，大的声音不洪亮，大的形象没有实体，道不显现、无法名状。只有道，善于给予和成就。

【解析】下士—中士—上士，是闻道、体道、行道的过程，老子对下士、中士并不是完全否定。本章是提醒人们在学习道、运用道的问题上要矢志不渝，只要努力就能够有所收获，做出成就，达到天下大治、天下为公的境地。不要怕别人不理解道，因道是要辅助万物，辅助万物去学习、实行道。

第四十二章　道生以和　强霸趋灭

道生一，一生二，二生三，三生万物。万物负阴而抱阳，冲气以为和。人之所恶，唯孤、寡、不谷，而王公以为称。故物或损之而益，或益之而损。人之所教，我亦教之。强梁者不得其死，吾将以为教父。

【译文】道生混沌的真朴，混沌中产生阴阳二气，二气相交生成实体，实体不断发展衍生万物。万物依靠阴气、吸收阳气，二气运行交合以维持稳定。人们所厌恶的，以孤、寡、不谷为甚，而王公们以此称呼自己。所以，事物有时减损反而增加，增加反而减损。人们这样教导，我也这样教导。刚强勇武的无法自然安息，我将以此为教导的开始。

【解析】中国古代哲学家和医学家对"气"的作用非常重视，见于《黄帝内经》中的"五运六气"学说。本章把"气"的作用推而广之、用于理解万物，笔者认为这有重要意义。中医将人体的气分为元气、宗气、营气、卫气等。宗气居于胸中，所在的位置称为（上）气海，负责人的肺部呼吸。而人的呼吸与自然界的气密不可分，故而在不同季节需防备不同疾病的入侵，即寒、暑、燥、湿、风、火六气。老子认为天地间的"气"非常重要。它的主要来源是水的作用，万物靠这种充满水的气显出生机，当呈现适匀的状态就是和，是最值得珍视的。如中医讲水气的不足为"涸流"，水气过分为"流衍"，而水的均和状态为"静顺"。现代人对空气的认识与空气质量、风速、光、电以及空气动力学等相关，但对"生物体的气作为动力"的认识尚没有专门的研究学科，这与未解读明白黄老之学有关。人们年幼时可称气血不足，青年可称血气方刚，年老可称气血衰，亦可祢为老当益壮或宝刀不老。本章意在说明"和"的作用，指出"强梁"是违背道的。第五十五章称"和"的阶段弥足珍贵；而达到天下为公则是趋于永远和乐幸福的理想社会。

第四十三章　柔以胜强　无为之益

天下之至柔，驰骋天下之至坚，无有入无间。吾是以知无为之有益。不言之教，无为之益，天下希及之。

【译文】天下最柔弱的，驰骋天下最坚硬的，无形体的能进入无间隙的。我因此知道不加施为的有益。不言说号令的教化、不加施为的益处，天下少有达到的。

【解析】这里的"天下之至柔"指的不是水，而是光、细胞、微生物，如细菌等。《黄帝内经》经常讲，肉眼看不见的东西决定着人的生长、疾病的传播。老子在第十四章论述过微观世界，该章的结论是"执古之道，以御今之有"。本章强调无为而治具有道的规律性，不可违背。除了微观世界，老子还强调"不言之教"的可贵：好的行动可使众多人响应，促进社会进步与发展。

第四十四章　知足知止　可以长久

　　名与身孰亲？身与货孰多？得与亡孰病？甚爱必大费，多藏必厚亡。故知足不辱，知止不殆，可以长久。

　　【译文】名与身体哪个亲近？身体与财货哪个重要？得到与失去哪个影响大？过分爱惜，加大耗费；聚敛得多，加速灭亡。所以，知道满足不会受到屈辱，知道适可而止不会危殆，这样可以长久。

　　【解析】本章劝诫那些有权势者和为富不仁者不要过多贪婪，人的欲望总是要节制，一定不要攀比功名利禄的获得。老子旨在劝诫：要以天之道"损有余而补不足"，不能总行所谓人之道"损不足以奉有余"（第七十七章）。如果总是贪欲不止，不仅害自己，也会害社会，损公不利己。从人生之身与名、利、货的关系，比喻贪、奢、腐最终害身，以提醒人：何不为民众利益去弘扬道德呢？

65

第四十五章　大成若缺　清静以待

大成若缺，其用不弊。大盈若冲，其用不穷。大直若屈，大巧若拙，大辩若讷，大赢若绌。静胜躁，寒胜热。清静为天下正。

【译文】大的成就显得有欠缺，其作用不会困顿。大的盈满显得空虚，其作用不会穷尽。大的正直显得屈枉，大的巧显得拙劣，大的辩才显得嘴笨，大的增益显得减损。静战胜躁，寒战胜热。清静是天下的表率。

【解析】在一定历史条件下，不足的可能是最好的，需要具体问题具体分析。本章提醒人们透过现象看事物的本质，不要以形式上、表面上的东西去妄加议论或妄加跟从，面对自然和社会现象要冷静地去分析、判明是非，有道者的终极目标是达到天下为公的无为而治。

第四十六章　道利民生　嗜欲背道

天下有道，却走马以粪。天下无道，戎马生于郊。罪莫大于可欲，祸莫大于不知足，咎莫大于欲得。故知足之足，常足矣。

【译文】天下有道，良马降用其粪。天下无道，马皆用于征战。罪中没有比引起欲望更大的，祸中没有比不知满足更大的，咎患中没有比想要占有更大的。所以，以知道满足为满足，道就充足。

【解析】统治者知道满足，欲望有限度，能考虑众生百姓的状况，便不会轻易发动战争。春秋战国时期，战乱不断，各诸侯国之间的兼并战争从未停止。仅以楚国为例，它在春秋时期吞并了数十个诸侯小国，称霸于中国南方。本章总结发动战争的原因在于统治者的贪欲没有限度，揭露其实质。

第四十七章　循道之纪　不为而成

　　不出户，知天下。不窥牖，见天道。其出弥远，其知弥少。是以圣人不行而知，不见而明，不为而成。

　　【译文】不出家门，知晓天下。不望窗外，明了天道。越向外求，所知越少。因此，圣人不实践而知晓事物，不亲眼看见而明了道理，不加施为而自然成就。

　　【解析】第三十八章曾批评"前识者，道之华"，即所谓炫智。本章旨在说明，不依据事物的发展规律，只观察事物的表面现象，往往"其出弥远，其知弥少"。承接第四十五章，依然提醒人们分析事物要认清其内在规律，也即看清本质，不满足形式主义、片面主义、主观主义的观感。否则往往得不到真知灼见，听不到群众的呼声和心声，抓不住事物的主次轻重，因而不会有正确的道路选择和筹谋。

第四十八章　为道日损　无事以正

为学日益，为道日损。损之又损，以至于无为。无为而无不为，取天下常以无事。及其有事，不足以取天下。

【译文】做学问每日增进，为道每日减损。减损又减损，以达到不加施为。不加施为而无所不为，取得天下常因自然、没有辛苦劳烦。辛苦劳烦，不足以取得天下。

【解析】老子希望有天下和平的环境来实现无为而治，因而一再呼吁社会要止战，要和平（如第四十六章），强调民为本，遵守道为宗旨。从社会发展看，老子的判断是准确的。老子的弟子传人，韩非、申不害走向法治，庄子放归于自然、不问世事，而孟子、荀子等有儒道两者的理论。汉初、唐初的无为而治选用黄老之学的轻徭薄赋对待百姓，而达到"文景之治""贞观之治"。这样的结果，恰恰是在天下无事的情况下实现的，又是在强秦和暴隋之后达成的，吸取了前朝统治者"有为""不知足""欲得"的教训。

第四十九章　民心为念　德信天下

圣人无常心，以百姓之心为心。善者，吾善之。不善者，吾亦善之。德善。信者，吾信之。不信者，吾亦信之。德信。圣人在天下，歙歙焉为天下浑其心，百姓皆注其耳目，圣人皆孩之。

【译文】圣人不以自我为中心，以百姓的心意作为自己的心意。善的心意，我称善认同。不善的心意，我也称善认同。因为道的表现形式是认同。心意信验了，我认可。没有信验，我也认可。因为都是道的信验。圣人在天下，含蓄谦虚，混同天下的心意，百姓的视听都为其所用，圣人观照他们。

【解析】本章形容达到无为而治时，人们的思想都能回归纯朴，没有压迫，没有剥削，没有虚假和欺诈。只有天下为公的真诚世界，才能实现全人类的共同利益，达到长治久安。只有圣人为天下王时，才可实现这一宏伟目标。

第五十章 出生入死 摄生以道

出生入死。生之徒，十有三。死之徒，十有三。人之生，动之于死地，十有三。夫何故？以其生生之厚。盖闻善摄生者，陆行不遇兕虎，入军不被甲兵。兕无所投其角，虎无所措其爪，兵无所容其刃。夫何故？以其无死地。

【译文】 向外发育，是生的过程；内敛收藏，是死的过程。在生长阶段的，占十分之三。在死亡阶段的，占十分之三。人在生长阶段，而走向死亡境地的，有十分之三。这是什么缘故呢？因为他们生长太旺。听说善于维持生存的，在陆地上行走，避开犀牛、虎等猛兽；参军不恃盔甲、兵器之强。犀牛无处投其角，虎无处挠其爪，兵器无处用其刃。这是什么缘故呢？因为他们不进入致死的境地。

【解析】 "出生入死"和第二十三章开头的"希言自然"一样，四字短语总括一章主旨；主语"道"或"万物"皆省略，这种情况在其他章并不鲜见。其翻译一方面应自洽，即单独成句、意思完整，另一方面应契合本章后续内容。译文原则总结：自洽（单独成句、意思完整）、自明（语义自明，无需辅助解释）、融会（与本章、全书融会贯通，逻辑相合）。

本章阐述人的一生遵循新陈代谢的自然规律，生老病死是普遍现象。有的统治阶级以为享乐、"驰骋畋猎"等是养生方法，其结果是短命。有的人却在强暴面前挺身抗争，反而从困境中求得生存。用这种辩证观看人生值得深思，现代人率性而为亦恐不是正确的人生态度和养生方法。应该挺身而出，为民众国家利益而奋斗，畏缩不前、贻误时机也应批评。

第五十一章　道生德畜　尊道贵德

　　道生之，德畜之，物形之，势成之。是以万物莫不尊道而贵德。道之尊，德之贵，夫莫之命而常自然。故道生之，德畜之，长之育之，亭之毒之，养之覆之。生而不有，为而不恃，长而不宰。是谓玄德。

　　【译文】万物得道生、德养、其他事物塑造，因势利导而成就。因此，万物没有不尊崇道而贵重德的。道的尊崇（地位）、德的贵重，没有谁命令而自然形成。所以道生万物，德养万物，参与万物的成长与繁育，安定与损害，滋养与倾覆。万物产生而不拥有，建立而不倚仗，成熟而不收获。这叫玄德。

　　【解析】"玄"——"玄之又玄"（第一章），指演化发展。

　　本章说明道是天生地养、宏观上的物质运动，令万物生长，"万物莫不尊道而贵德"。本章意指圣人善于用道德治理国家，天下的圣人君子具有自然界这种道和德的品质，为实现天下大公而无为而治，生养万物、造福天下百姓，身体力行、不恃己能、功高不居。本章重复第二章的主旨精神，意思很明显。上下一心，理想可实现。

第五十二章　知子守母　用光归明

　　天下有始，以为天下母。既得其母，以知其子；既知其子，复守其母；没身不殆。塞其兑，闭其门，终身不勤。开其兑，济其事，终身不救。见小曰明，守柔曰强。用其光，复归其明，无遗身殃，是谓袭常。

　　【译文】天下万物有兆始，以之为天下万物的母亲。已经了解其母亲，以之了解其子；已经了解其子，回守其母。这样终身不会危殆。塞住出口，关闭门户，终身闲适。打开出口，周济事物，终身无法完成。察觉细微是明白道理，持守柔弱是强大。应用其效果，回过来体会其道理，不给自身带来祸患，这是沿袭体会、应用的道。

　　【解析】本章的主旨精神是要依照道的规律办事，任何时候，不要违背大道，坚守无为而治，信守细微、柔小，不要逞强而妄为，不要嗜欲而贪婪。"祸莫大于不知足，咎莫大于欲得"（第四十六章）。随时"见小曰明，守柔曰强"，用其光检验自己，才能保证终身不会给自己带来灾难；只有信守细柔，才能保持万世不绝的常道，一生不会有灾祸事发生。用于治国理政也是如此。

第五十三章　惟施是畏　盗夸非道

使我介然有知，行于大道，惟施是畏。大道甚夷，而民好径。朝甚除，田甚芜，仓甚虚。服文彩，带利剑，厌饮食，财货有余，是为盗夸。非道也哉！

【译文】使我坚定认识、行大道，主要在于慎施为。大道很平坦，而民好走小路。朝廷很努力，农田很荒芜，仓库很空虚。穿精致的衣服，佩带锋利的剑，饱足饮食，财货有富余，这是大盗现世。不是道！

【解析】老子举出上流社会过着有为、奢侈的寄生生活，不顾天下百姓的根本利益，引起部分人的效仿，从而申明无为而治的必要性。他们失去道义，老百姓白白养活这些寄生者，然而背离道是不会长久的。当时的周朝统治者被强国操纵，而被取代也只是时间问题。

第五十四章　善建善抱　修身观众

　　善建者不拔，善抱者不脱，子孙以祭祀不辍。修之于身，其德乃真。修之于家，其德乃余。修之于乡，其德乃长。修之于国，其德乃丰。修之于天下，其德乃普。故以身观身，以家观家，以乡观乡，以国观国，以天下观天下。吾何以知天下之然哉？以此。

　　【译文】善于建立道的事业的，不放弃；善于抱持道的，不脱离；子孙以此绵延昌盛。以此修炼自身，德行于是与道相合。以此经营家庭，德行于是富余。以此示范教化乡里，德行于是成长。以此建设管理国家，德行于是丰饶。以此化成天下，德行于是周遍普及。所以，以自身观他身，以自家观他家，以自乡观他乡，以己国观他国，以天下观别时天下。我怎么知道天下的情状呢？以这种方式。

　　【解析】"吾何以知天下之然哉？以此"——"不出户，知天下……是以圣人不行而知"（第四十七章）。

　　本章鼓励有美好品质和功业事业传承的人，能够在不同领域影响后代子孙，这与第五十九章"治人事天，莫若啬"有同工之妙。数合诸侯、一匡天下的齐国名相管仲，有关于精神传承的治国理念——"百年树人"，老子对此有新的发挥。把人民群众当中好的品质和建立功业、事业的精神品质，用于修炼自身以至整个天下，值得我们深思。就以文化传承来说，各国国民素质也是大不相同，一个民族、一个国家的一种理念，往往会影响一代又一代国民的精神素质和事业传承。

第五十五章　赤子精和　物壮不道

含德之厚，比于赤子。毒虫不螫，猛兽不据，攫鸟不搏。骨弱筋柔而握固，未知牝牡之合而朘作，精之至也。终日号而不嗄，和之至也。和曰常，知常曰明。益生曰祥，心使气曰强。物壮则老，谓之不道，不道早已。

【译文】行道蓄德深厚的，好比初生的婴儿。毒虫不蜇，猛兽不踩，猛禽不抓。筋骨柔弱而攥拳牢固，不明男女之合而勃起，这是精气纯粹。终日号哭而不喑哑，这是和气顺畅。和顺是道性，明了道性是明理。有益于生的叫祥，心使气是强大。事物强壮则走向衰老，这是不道，不道早亡。

【解析】老子是朴素的博物学家，观察婴儿的体态、行为特征，以及自然界中动物、昆虫对其的反应。（详见本书"内篇·老子之博物"）本章描述、解读个体的成长过程，那些有益于生长的状态值得珍视，《黄帝内经》对"和"也有论述；不遵守道的原则的人不能终其天年。

"益生曰祥"，"祥"字共出现于三章中，另两章：第三十一章"兵者不祥之器"、第七十八章"受国不祥"。三章的"祥"字用法相仿。

第三十章也有"物壮则老……不道早已"，是描述社会治理规律（"以兵强天下"的后果），第七十六章总结人类个体、自然（草木）、社会（兵）的强则灭。

第五十六章　知者不言　和光同尘

知者不言，言者不知。塞其兑，闭其门，挫其锐，解其纷，和其光，同其尘，是谓玄同。故不可得而亲，不可得而疏；不可得而利，不可得而害；不可得而贵，不可得而贱。故为天下贵。

【译文】明了道的不表露，表露的不明了道。塞住出口，关闭门户，平抑锐气，散开纷乱，和顺光采，混同尘世，这是进化协同。所以，无法被以亲、疏，利、害，贵、贱来定义、区隔。所以，被天下贵重。

【解析】"挫其锐，解其纷，和其光，同其尘"首次出现于第四章，阐述道对万物的作用；本章描述知道者主动"和光同尘"、融入社会，并"为天下贵"。"塞其兑，闭其门"首次出现于第五十二章，阐述知子守母、用光归明的道理。本章加以延展和阐发，扩展到人类社会、天下，提出"玄同"的概念。老子无为而治的终极目标是天下为公，本章阐述的正是这一中心思想，即提出古圣先君的治世原则，同时也提出了"和光同尘"的群众观。

第五十七章　以正治国　无为自化

以正治国，以奇用兵，以无事取天下。吾何以知其然哉？以此。天下多忌讳，而民弥贫。人多利器，国家滋昏。人多伎巧，奇物滋起。法令滋彰，盗贼多有。故圣人云：我无为，而民自化。我好静，而民自正。我无事，而民自富。我无欲，而民自朴。

【译文】以表率垂范治理国家，以出其不意用兵，以清静无为取得天下。我怎么知道是如此呢？以此：天下越多忌讳，民众越贫困。人营利的事业增长，国家更昏乱。人多智巧，新奇无用之物兴起。法条命令越显明，盗贼越增多。所以，圣人言：我不加施为，而民众自然发展。我爱好清静，而民众自然归附。我志闲不干扰，而民众自然富足。我无欲，而民众自然回归真朴。

【解析】"我好静，而民自正"——"清静为天下正"（第四十五章）。

老子能以统治者（上层建筑）与民众社会（生产力）的关系去观察社会多方面的现象，非经社会动乱和复杂时期不能得出如此深刻的见解。这为治国理政和分析社会现象提供了辩证思维和认识论的武器。我们不能只看到老子的守柔和弱，用个别强调性论述来评价老子的整体思想，从而领会不到全篇的主旨精神。

第五十八章　政闷民淳　方而不割

其政闷闷，其民淳淳。其政察察，其民缺缺。祸兮，福之所倚。福兮，祸之所伏。孰知其极？其无正也。正复为奇，善复为妖。人之迷，其日固久。是以圣人方而不割，廉而不刿，直而不肆，光而不耀。

【译文】政治蒙昧不辨，民众淳朴丰厚。政治敏锐明察，民众蝇营狗苟。祸啊，福与之相伴。福啊，祸潜伏其中。谁知道这种相伴相生的穷尽呢？并没有永恒的正。正道会变为奇道，善道会变为异道。人的迷失，已经很久了。因此，圣人方正而不锐利，廉政而不妨害，直道而不肆意，含光而不张扬。

【解析】"淳淳"，有本作"屯屯"。

"其政闷闷……其政察察"。政，政治：政治治理。第二十章讲个人处世："俗人察察，我独闷闷。"本章讲述治国理政的不同策略对应不同的效果，以无为而治为正确目标：不搞伤害民众的政治，不搞形式主义，不强调一刀切的官僚主义。祸与福的转折是有条件的，求福避祸是人的追求。老子讲出道理，体会和运用要根据社会实际情况，需要读者自己的领悟去指导行动，因而没有举实例来说明其观点。

第五十九章　治人事天　德厚固久

治人事天，莫若啬。夫唯啬，是谓早服。早服谓之重积德，重积德则无不克，无不克则莫知其极。莫知其极，可以有国。有国之母，可以长久。是谓深根固柢，长生久视之道。

【译文】管理人和应对自然，首在节制。做到节制，是早作准备。早作准备是重视积累德行，重视积累德行就没什么解决不了的，没什么解决不了的就不知其穷尽。不知其穷尽，可以掌管邦国。掌握掌管邦国的来源（道），可以长久。这是浚源固本，长生久王的道。

【解析】"啬"指上章末圣人的四种有节制的作为。这样的作为是早做准备、重视积累德行，重视积累德行可以成为民众的表率，引导民众走出迷途、认识道，形成上下一心的群众基础。老子发挥管仲百年树人的理念，中国人在治人事天的长期实践中形成自强不息、爱好和平、诚信友善、敢于奋斗、不畏强暴、重视友爱、讲究正义、爱国敬业等，都是中华民族精神的体现。

第六十章　治国烹鲜　其鬼不神

治大国，若烹小鲜。以道莅天下，其鬼不神。非其鬼不神，其神不伤人。非其神不伤人，圣人不伤人。夫两不相伤，故德交归焉。

【译文】治理大国，好比煎烹小鱼。以道治理天下，其影响不显现。不是其影响不显现，是其精神不伤人。不是其精神不伤人，是圣人不伤人。双方不相互伤害，德行交融和合。

【解析】"两"：圣人一人/天下。"两不相伤"：圣人与天下（民众）不相互伤害。

小鱼一般无需生加工处理，煎时也减少翻动，合无为、不言、好静、无事、闷闷、啬。以道治国，无为而治，民心向善，天下为公，风气纯正，以达长治久安。烹小鲜讲究烹煮方法：食材均匀、水适当、文火慢煎、中间不能翻动，烹好也应仔细盛端，方保无虞。意指国君以道治国、勤政为民的作风，实现天下为公、道德长久、秩序井然、长治久安。

第六十一章　大国下流　以静为下

大国者下流，天下之牝，天下之交也。牝常以静胜牡，以静为下。故大国以下小国，则取小国。小国以下大国，则取大国。故或下以取，或下而取。大国不过欲兼畜人，小国不过欲入事人。夫两者各得所欲，大者宜为下。

【译文】大国处于水之下流的位置，是天下之谷，天下之归附。雌性以静招致雄性，因为静处谦柔。所以，大国以谦柔对待小国，就获得小国的归附。小国以谦柔对待大国，就获得大国的保护。所以，有的以谦柔而获取，有的以谦柔而归附。大国不过是想扩展兼蓄，小国不过是想归附依靠。两者各自获得想要的，大者宜处谦柔。

【解析】本章将上章圣人与天下的关系扩展到大国与小国的关系。"大国以下小国"的实例见于齐桓公采纳管子建议，尊王攘夷，存亡续绝，他带领齐国伐戎救燕，退狄救邢、复卫，天下诸侯信服、归附。老子的外交思想闪烁着文明和智慧的光芒。他主张两国相交互利共赢，这在春秋时期是难能可贵的。老子的外交思想也适用于后世，建立和平共处的原则。

第六十二章　万物之奥　善人之宝

　　道者，万物之奥。善人之宝，不善人之所保。美言可以市尊，美行可以加人。人之不善，何弃之有？故立天子，置三公。虽有拱璧以先驷马，不如坐进此道。古之所以贵此道者何？不曰：求以得，有罪以免邪？故为天下贵。

　　【译文】道，是万物的本原奥妙。善人珍惜而用它，不善人被它驱使。美好的言辞政令可以获得尊荣，美好的行为可以获得归附。不善的人，无需遗弃。所以，立为天子，设置三公。即使有先拱璧后驷马的尊荣武力，不如掌握这个道。古时候贵重这个道的原因是什么？不是说：以之求而得，有罪以之免吗？所以，被天下贵重。

　　【解析】本章清楚阐述了人民群众在国家中的地位和作用。人的一切言语行为都在影响群众对他的认识，是否认可。"美行可以加人"合第二章的"处无为之事，行不言之教"，老子群众观的主旨是"贵以贱为本，高以下为基"（第三十九章），贯穿全书。老子一再提醒人们要尊重人民群众这个道，如此反复提醒，难道我们还要避开人民群众这个立国之本，不认这个道？坐进此道、行道的结果是有求以得、有罪以免，达到"民惟邦本，本固邦宁"（《尚书·夏书·五子之歌》）。

第六十三章　大小多少　圣人犹难

　　为无为，事无事，味无味。大小多少，报怨以德。图难于其易，为大于其细。天下难事，必作于易。天下大事，必作于细。是以圣人终不为大，故能成其大。夫轻诺必寡信，多易必多难。是以圣人犹难之，故终无难矣。

　　【译文】做于无为，从事于无事，觉于无味。以小为大，以少为多，以美好的言行回应怨尤。谋取难事从其简易处入手，做大事从其细微时着眼。天下的难事，一定发端于简易。天下的大事，一定开始于细微。因此，圣人一直不追求大，所以能成就其大。轻易允诺必然少兑现，以为很简易必然多困难。因此，圣人仍考虑困难，所以最终没有困难。

　　【解析】"报怨以德"。孔子曰："以直报怨。"——反映思考的两个维度：道与术，方法论与管理措施。

　　"图难于其易"——"难易相成"（第二章）。

　　"是以圣人终不为大，故能成其大"——"以其终不自为大，故能成其大"（第三十四章）：语境、表意有不同。

　　本章阐述做事情、事业的工作方法，认为大小、多少、难易会相互转化，即第二章"难易相成"。做好任何一件事情，必须踏实认真、从容面对，不能以轻视漂浮的作风去对待。老子提醒人们，看到圣人为天下大众所作的巨大贡献，学习这些有道的人的精神品质，提前布局准备（为无为、图难于其易、早服）、考虑困难（圣人犹难之），把事情做好，有利于国家民众。

第六十四章 其安易持 慎终如始

其安易持，其未兆易谋。其脆易泮，其微易散。为之于未有，治之于未乱。合抱之木，生于毫末。九层之台，起于累土。千里之行，始于足下。为者败之，执者失之。是以圣人无为故无败，无执故无失。民之从事，常于几成而败之。慎终如始，则无败事。是以圣人欲不欲，不贵难得之货；学不学，复众人之所过。以辅万物之自然，而不敢为。

【译文】安稳时容易持守，未兆始时容易谋取。脆时容易分解，微小时容易消散。做于未有之时，治于未乱之时。合抱大树，生于毫末子实。九层高台，起于一筐泥土。千里远行，始于足下一步。施为的会败坏，持有的会失去。因此，圣人不施为所以不败坏，不持有所以不失去。民众做事，常于几乎完成时败坏。快完成时谨慎如初，就不会有败坏的事情。因此，圣人以清静不欲为欲，不贵重稀有难得之物；学无为，体察众人的阙失遗漏。以辅助万物的自然发展，而不敢加以施为。

【解析】"学不学"——"绝学无忧"（第十九章）、"为学日益，为道日损"（第四十八章）。

体会本章对古今人类社会成败兴替的思考，治国理政和其他功业、事业，都是从创立到失去。如果能了解这种教训，懂得慎终如始的道理，便不会使后人复哀后人了。同时，治国当中如有不良的社会弊端，也应在初起之前给予纠正和解决，以免造成大的损害。在养生上，小病变为大病，或久忧成疾也是值得防患于未然的。开创事业也应创建于未然，注重建设性和创造性发挥。所以，"为之于未有，治之于未乱"包含自然、人、社会等多个方面。

第六十五章　为道愚民　物反大顺

　　古之善为道者，非以明民，将以愚之。民之难治，以其多智。故以智治国，国之贼。不以智治国，国之福。知此两者亦稽式。常知稽式，是谓玄德。玄德深矣，远矣，与物反矣，乃至大顺。

　　【译文】古时候善于为道的，不是要启发民众智识，而是保持其混沌真朴。民众的难以治理，在于多智巧。所以，以智巧治理国家，是败坏国家。不以智巧治理国家，是造福国家。知道这两者也是考察的方式。掌握考察的方式，是了解德的不断衍化。德不断衍化得深、远，又与万物复归本原，于是合乎大道、顺乎自然。

　　【解析】"愚"——"是以圣人之治，虚其心，实其腹，弱其志，强其骨，常使民无知无欲，使夫智者不敢为也"（第三章）、"我愚人之心也，沌沌兮。俗人昭昭，我独昏昏。俗人察察，我独闷闷"（第二十章）。愚：无知无欲、沌沌、昏昏、闷闷。

　　本章针对当时诸侯国时常招贤纳智，例如所谓的"求贤令"，这些"贤"实际上是"士族"阶层和读书人。他们为诸侯国所用，帮助诸侯国出谋划策，对当时社会的弱肉强食有推波助澜的作用。所以，第三章提出"不尚贤"。本章进一步提出"愚之"，反衬和揭露王侯们"以智治国"的不良后果，呼吁社会向诚信和善良的"道德"靠拢。

第六十六章　江海善下　言下身后

　　江海所以能为百谷王者，以其善下之，故能为百谷王。是以圣人欲上民，必以言下之；欲先民，必以身后之。是以圣人处上而民不重，处前而民不害。是以天下乐推而不厌。以其不争，故天下莫能与之争。

　　【译文】江海之所以能获得百川河谷的归附，是因为其善于处下，所以获得百川河谷的归附。因此，圣人想要获得民众归附，必须以言辞谦下；想要率领民众，必须置身其后。因此，圣人居上而民不感到沉重，居前而民不感到妨害。因此，天下乐意推举而不停止。因为其不争竞，所以天下都无法与之争。

　　【解析】"欲先民，必以身后之"——"是以圣人后其身而身先"（第七章）。

　　本章以江海为百谷王的例子，再次呼吁"圣人"能够站在人民群众中被拥戴为天下王，实现天下为公、无为而治的愿望。

第六十七章　道大三宝　慈俭不先

天下皆谓我道大，似不肖。夫唯大，故似不肖。若肖，久矣其细也夫！我常有三宝，持而保之。一曰慈，二曰俭，三曰不敢为天下先。慈故能勇；俭故能广；不敢为天下先，故能成器长。今舍慈且勇，舍俭且广，舍后且先，死矣！夫慈以战则胜，以守则固。天将救之，以慈卫之。

【译文】天下都说我道大，像不实存。正因为大，所以像不实存。如果实存，会随着时间消亡。我道有三宝，掌握和保有。一是慈爱，二是俭啬，三是不敢居于天下之先。慈爱，所以能勇武；俭啬，所以能广取；不敢居于天下之先，所以能掌管率领。如果舍弃慈爱而勇武，舍弃俭啬而广取，舍弃谦下而争竞，会灭亡。慈爱用来征战会获胜，用来守卫会稳固。天要救助谁，就以慈爱卫护谁。

【解析】实存：实际存在的具体事物。

三宝是道的三个方面，是《道德经》前后一贯、围绕而论的道德准则。慈是三宝之首，即第一宝，简言之：以慈爱之心对待人民群众，设身处地为人民群众谋利益，而且谋求长远利益。因而能得到人民群众对你的勇敢保护，保护你也就是保护人民群众自己的利益。所以，"慈以战则胜，以守则固。天将救之，以慈卫之"。第二宝为俭，俭为什么能广呢，是说在任何时候有道的人不会搞特权，滋生贪欲、奢侈，这些是为个人利益，得不到广大人民的支持。再者，在生产力低下的古代，奢侈是对人民的掠夺和犯罪，就是今天也要反对腐败才能得到人民的支持。第三宝，以不争之德被推举为群众的领导（"立天子，置三公"），就能更好地为群众谋利益。不敢为天下先又指不带头破坏法律、规章制度，以维护"大制不割"（第二十八章）。

第六十八章　为士不武　用人之力

善为士者，不武。善战者，不怒。善胜敌者，不与。善用人者，为之下。是谓不争之德，是谓用人之力，是谓配天古之极。

【译文】善于当士的，不推崇武力。善于战斗的，不依靠怒气。善于战胜敌人的，不轻易交战。善于用人的，谦柔处下。这是不争竞的德行，是用他人之力，是符合自然、历史规律。

【解析】本章是治军理政的理性和策略性总结，有助于提高领导者理政治军和办事的水平，提高心理素质以及群众观念。如何得到群众的支持，是治军理政的重要策略、操守问题。

第六十九章　用兵为客　轻敌丧宝

　　用兵有言：吾不敢为主，而为客。不敢进寸，而退尺。是谓行无行，攘无臂，扔无敌，执无兵。祸莫大于轻敌，轻敌则几丧吾宝。故抗兵相若，哀者胜矣。

　　【译文】用兵有这样的说法："我不敢发起战争，而以逸待劳。不敢冒进一寸，而宁愿退后一尺。"这是布阵于无阵，号令于无令，抗敌于未见敌，装备于无兵器。祸患没有比轻视敌人更大的，轻敌会丢弃三宝。所以，当对抗的兵力相当时，谨慎备战的取胜。

　　【解析】"行无行，攘无臂，扔无敌，执无兵"——"为无为，事无事"（第六十三章）。只有重视敌人，才会早做准备（"早服"）；只有重视敌人，才会谨慎对待（"哀者胜"）。"哀者胜"的前提条件是"抗兵相若"，而且要做好充分准备。

　　老子对待军事，主张后发制人、以道治军、以奇用兵、寓兵于民、常备不懈、胜而不骄、兵强则灭、忘战必危、骄兵必败。总之，老子在军事上主张攻守兼备的两点论，任何时候以具体情势而定方略。如孙子的"兵家之胜，不可先传也"，也是老子的用兵策略和治军之道。

第七十章　知稀则贵　被褐怀玉

　　吾言甚易知，甚易行。天下莫能知，莫能行。言有宗，事有君。夫唯无知，是以不我知。知我者稀，则我者贵。是以圣人被褐而怀玉。

　　【译文】我的道非常容易掌握，非常容易施行。天下没有谁掌握，没有谁施行。道有本原，事物有主宰。正因为不探求，所以不掌握道。掌握道的稀少，施行道的贵重。因此，圣人外表简朴，抱持真理。

　　【解析】老子感到他的道在那个战乱不休的年代很难得到运用，但仍然抱着希望，把《道德经》完整保留传承下来，说明他对此书是抱有希望的。本章提醒读者弘扬道德是难能可贵的，尤其在战乱时期。

第七十一章　知不知尚　病病不病

　　知不知，尚矣。不知知，病矣。圣人不病，以其病病。夫唯病病，是以不病。

　　【译文】了解自己的认知边界，是好的。不了解自己的认知边界，是有害的。圣人不受害，因为其以害为害。正因为以害为害，所以不受害。

　　【解析】本章着语不多，是学习方面的至理名言，揭示了一个谦虚使人进步、骄傲使人落后的不变道理，又证明了一句话：越伟大越谦虚，或越落后越骄傲。这与孔子的"知之为知之，不知为不知，是知也"也有同工之妙。笔者认为还有一层意思：对社会上"讳疾忌医"的现象也有鞭策作用。

第七十二章　无狎无厌　自知自爱

民不畏威，则大威至。无狎其所居，无厌其所生。夫唯无厌，是以不厌。是以圣人自知不自见，自爱不自贵。故去彼取此。

【译文】民众不畏惧威权时，道的威权就要显现了。不要干扰民众的生计，不要豪取民众的产出。正因为不豪取，所以不被厌弃。因此，圣人观照自己、不自以为是，爱惜自己、不自我贵重。所以，有所取舍。

【解析】"无狎其所居"——"自知不自见"；"无厌其所生"——"自爱不自贵"。这句中的"无"又作"毋"：不要。

本章对当政者的嘱咐，是站在治理天下、长治久安的立场去阐明领导者与普通百姓的关系。这在奴隶社会和封建社会里，较难使统治者认真理解和贯彻。以官逼民反的历史规律劝诫统治者，或可鞭策当政者施"仁政"。老子安天下之意随处可见。

第七十三章　勇敢则杀　天网恢恢

勇于敢则杀，勇于不敢则活。此两者，或利或害。天之所恶，孰知其故？是以圣人犹难之。天之道，不争而善胜，不言而善应，不召而自来，繟然而善谋。天网恢恢，疏而不失。

【译文】勇于施为豪取就灭亡，勇于柔和谦退就存活。这两者，或利生或害命。自然所厌弃的，谁了解其缘故呢？因此，圣人仍以为难。自然之道，不争竞而善能降服，不言说号令而善有响应，不招徕而自动归附，安闲而善能谋划。自然法则之网恢弘广大，宽疏而无遗失。

【解析】"圣人犹难之"——第六十三章。

"天网"一方面可以理解成老百姓布下的网。春秋时诸侯国君、大夫雇佣武士进行刺杀活动。有的武士有时刺杀不该杀死的君子、大丈夫之类的人，恐怕会受到天网（老百姓）的谴责，难逃死亡的报复。有正义感的杀手手下留情，却能够得到生路，是符合大道的。"天网"另一方面提醒我们认识：以柔而胜的事例多而广。例如，以网罟捕获、驯养六畜当胜过以石器硬碰硬。

第七十四章　代大匠斫　稀不伤手

　　民不畏死，奈何以死惧之？若民常畏死，而为奇者，吾得执而杀之，孰敢？常有司杀者杀，夫代司杀者杀，是谓代大匠斫。夫代大匠斫者，稀有不伤其手矣。

　　【译文】民众不畏惧死亡，怎能以死亡让他们畏惧？当民众畏惧死亡，对于那些不行正道的，我能够拘捕并杀掉他们，谁还敢这样？道有管理杀伐的进行杀伐，如果代替进行杀伐，如同代替巧匠伐木。代替巧匠伐木的，很少有不伤到自己手的。

　　【解析】"民不畏死"——"民不畏威"（第七十二章）、"民之轻死"（第七十五章），均指因统治者施为豪取、维护强权统治，民众不堪其扰，不畏威、不畏死，不惜以身试法、起身反抗，甚至同归于尽。

　　周朝有较为完备的司法监察机关："乃立秋官司寇，使帅其属而掌邦禁，以佐王刑邦国"（《周礼·秋官司寇》），古代有秋后问斩犯人的旧习，后世常以周朝的典章设置各官名称和职能。本章首先指出，当统治者施为豪取，造成民众不畏死、与之对立的状态时，严刑峻法无法有效约束民众。进而指出，即便在管理有序、上下和顺的状态下，也有道负责杀伐，无须统治者加以施为，否则就如同"代大匠斫"，会伤害自己。警告那些为了维护强权统治而惩戒无辜百姓，以及诸侯国战争中取胜方屠杀战败方平民的，很少能避免伤害自己。二战中日本屠杀他国平民，后来招致原子弹的侵袭，正是"稀有不伤其手矣"的真实写照。

第七十五章　无以生为　贤于贵生

　　民之饥，以其上食税之多，是以饥。民之难治，以其上之有为，是以难治。民之轻死，以其上求生之厚，是以轻死。夫唯无以生为者，是贤于贵生。

　　【译文】民众的饥困，是因为统治者享受、征敛得多，所以会饥困。民众的难于治理，是因为统治者加以施为，所以会难于治理。民众的不畏惧死亡，是因为统治者太追求强权掌控，所以会不畏惧死亡。只有不追求强权掌控，好于以强权掌控为贵。

　　【解析】本章举出"上食税之多""上之有为""上求生之厚"，分别造成"民之饥""民之难治"和"民之轻死"三种结果，并给统治者提出解决办法。老子的这些主张在春秋列国诸侯争霸的局面下，很少会被统治者采纳，以至未完全贯彻老子治理天下的主张，而有些弟子后来以刑名之学有了用武之地。司马迁在《史记》中对此有评价："老子所贵道，虚无，因应变化于无为，故著书辞称微妙难识。"《道德经》贯穿一条主线：为治理天下，要首先考虑老百姓和人民的利益，号召统治者行圣人之道。老子的无为而治最终贯彻成天下为公的蓝图，可以称作"无为而不无为"。古今的政治家，能够从上层建筑与经济基础之间，直接提出鲜明的互相作用与反作用的观点，恐怕是不多见的。我们今天重读老子的著作，能不为这位先哲的真知灼见所感佩，从中吸取治理天下的道德和智慧，或者说教训吗？

第七十六章　坚强死徒　柔弱生徒

人之生也柔弱，其死也坚强。草木之生也柔弱，其死也枯槁。故坚强者死之徒，柔弱者生之徒。是以兵强则灭，木强则折。强大居下，柔弱居上。

【译文】人生长时柔弱，死亡时坚强。草木生长时柔弱，死亡时枯槁。所以，坚强是死亡的特征，柔弱是生长的特征。因此，穷兵黩武会灭亡，木长至强会摧折。强大居于劣势害命，柔弱居于优势利生。

【解析】"柔弱居上"——"弱者道之用"（第四十章）、"柔弱胜刚强"（第三十六章）。

本章阐述事物的生长和发展规律，说明初生的柔弱向着生的方向发展，看似强壮的实际上向着死亡的方向发展，即老而不道的方向。这种比喻在唯物辩证法的规律中也是适用的。本章的"兵强则灭"与"木强则折"是有分别的。老子提醒恃强黩武者必然会较快地向兵强则灭的下场发展，但老子绝不是反对所有的强兵。例如为了维护人民的利益，第六十九章提醒"祸莫大于轻敌"，轻敌则表示自以为强。由此可以看出，老子不是总以柔弱、示弱为原则，如果存有这种认识，真是太偏颇，不懂老子了。

第七十七章　有余以奉　不欲见贤

　　天之道，其犹张弓欤？高者抑之，下者举之。有余者损之，不足者补之。天之道，损有余而补不足。人之道则不然，损不足以奉有余。孰能有余以奉天下？唯有道者。是以圣人为而不恃，功成而不居，其不欲见贤。

　　【译文】自然之道，犹如张弓。偏高下压，偏低上举。距近松劲，距远增力。自然之道，减损有余的，增益不足的。人之道不是这样，减损不足的以奉养有余的。谁能以自己的有余奉养天下？只有行道者。因此，圣人建立而不倚仗，有所成就而不居功，是不愿意显示贤能优越。

　　【解析】一说弓拉开后呈椭圆形，像天体运行的道。

　　老子的天道思想见于第十六章"公乃王，王乃天，天乃道，道乃久，没身不殆"，也在第九章"功成身退"，第七十三章"不争而善胜，不言而善应"，第七十九章"常与善人"，第八十一章"利而不害"。这些章句前后呼应，主旨精神就是要行天道、公正无私，追求整体、长远的人类利益。本章从理论上阐述替天行道的意义，行天道的圣人的思想品格是"损有余而补不足"，批评人世间的种种不公现象来自"损不足以奉有余"。老子行天道的意图难道还不够明显吗？

第七十八章　受国之垢　受国不祥

天下莫柔弱于水，而攻坚强者莫之能胜，以其无以易之。弱之胜强，柔之胜刚，天下莫不知莫能行。是以圣人云：受国之垢，是谓社稷主；受国不祥，是为天下王。正言若反。

【译文】天下没有比水更柔弱的，而攻伐坚强的无往不胜，因为它进入和占据无的地方。弱战胜强，柔战胜刚，天下没有谁不了解，没有谁实践。因此，圣人说：承受国家之垢浊，掌管社稷；承受国家之不祥，掌管天下。正道说起来像相反。

【解析】周厉王执政时期推行"专利"，即宣布山林川泽为王有，对山林川泽的产出征收"特产税"，朝廷下令凡进山林川泽采药、打猎、捕鱼、采果等，须在交通要卡上按规定交税，遭到百姓的激烈反对。当时作为臣下的召穆公曾劝阻周厉王说，这样强征"特产税"、不准人民提出反对意见，就好像堵住一条河想让水不能向下流一样，希望周厉王不要这样做。但周厉王一意孤行，把一些反对者抓起来拷打、判刑，有的处死，引起天下人抱怨。"道路以目"正是描述这一时期。这种倒行逆施的结果，终于爆发了"国人暴动"的历史事件。召穆公在这场事件中担负掩护周厉王之子的责任，把自己的儿子献出给群众。平息这场事件后，在公元前841年，开启了"周召共和"。经14年的"周召共和"之后，召穆公等重新把周厉王的儿子扶上国君之位，召穆公自己的儿子却牺牲了。本章提出水能攻坚，引出了"受国之垢"和"受国不祥"，从而将水列为"道"，水与人民群众有共同属性——强大不可逆转的属性，因而才可称为"道"。联系第三十九章，可以进一步明白老子的主旨精神，即弘扬水的攻坚精神的含义。

第七十九章　执契不责　天道与善

　　和大怨，必有余怨，安可以为善？是以圣人执左契，而不责于人。有德司契，无德司彻。天道无亲，常与善人。

　　【译文】调和大的怨尤，必然有遗留的怨尤，怎能算作圆满解决？因此，圣人握有契约，而不责难于人。有德的掌管契约，无德的掌管彻查惩戒。自然之道无亲疏，保护给予善人。

　　【解析】"善人"——第二十七章。"常与善人"：道与善人相合，所以保护给予。

　　"契"：天子与邦国间或诸侯间订立的盟约、契约，例如规定守望相助、缴纳岁贡等责任和义务。"左契"可能指上邦大国持有的契约，所以有权利"责于人"。本章旨在化解人世间的纷争，调和矛盾。要求有道德的人能牺牲一定利益，拿出诚意消除怨愤，从而达到社会和谐的局面。有了和谐的局面，对矛盾、仇怨的双方最终是有利的，不然冤冤相报无终了。因此，本章最后说"天道无亲，常与善人"，是有深刻长远的"和为贵"以及达到天下为公、皆大欢喜结局的意思。这也是老子的主旨精神所在。

第八十章　小国寡民　有器不用

小国寡民。使有什伯之器而不用，使民重死而不远徙。虽有舟舆，无所乘之。虽有甲兵，无所陈之。使民复结绳而用之，甘其食，美其服，安其居，乐其俗。邻国相望，鸡犬之声相闻，民至老死不相往来。

【译文】以国为小，以民为少。有侯王之器而不用，使民众服化不背弃。即使有舟车，无需乘坐。即使有武器部队，无需对阵。使民众复归纯朴简单，甘享食物，满意衣服，安居住所，乐于习俗。邻国和睦，不设沟壑，民众得享天年、没有利害纷争。

【解析】"小国寡民"——"大小多少"（第六十三章）。

"使民重死"——"民之轻死"（第七十五章）、"民不畏威"（第七十二章）。

"甘其食，美其服，安其居，乐其俗"——"服文彩，带利剑，厌饮食，财货有余"（第五十三章）。

有本将本章与下章置于第六十六章后，则"小国寡民"承第六十三章的"大小多少"，而"使民重死"启后章的"民不畏威""民之轻死"。因本章与下章是对治国理政思想和天之道、圣人之道的较好总结，故仍以之结尾、收束全书。

　　"小国寡民"不是一种客观的静态描述，而是一种理想的治国理念。第六十六章谈道："是以圣人欲上民，必以言下之；欲先民，必以身后之。"即本章的有侯王之器（位）而不自以为尊，所以能够"虽有舟舆，无所乘之。虽有甲兵，无所陈之"。这一设想是基于春秋时期战乱不断、民不聊生而假设的一种国家模式，也是在古代氏族部落曾有的国家模式。老子明知当时天下诸侯国存在弱肉强食，兼并战争不会停止，写本章为引起人们对和平的愿望。借以讽刺争霸天下、挑起战争的诸侯国，贪欲、逞强的品性以及置人民生死于不顾的罪恶行为，还不如复归结绳记事的古代社会，人们反而享受太平。

第八十一章　利而不害　为而不争

　　信言不美，美言不信。知者不博，博者不知。善者不多，多者不善。圣人不积，既以为人，己愈有；既以与人，己愈多。天之道，利而不害。圣人之道，为而不争。

　　【译文】信验的话不动听，动听的话不信验。了解道的不追求广博，追求广博的不了解道。善于行道的不多加施为，多加施为的不善于行道。圣人不聚敛，越追求集体利益，自己越能获得；越奉献于集体，自己越充实。自然之道，利生而不害命。圣人之道，建设而不争竞。

　　【解析】"信言"：信验的话、规律性的道理，指道。"知者""善者"分别指了解道、善于行道的。

　　"知者不博，博者不知"——"为学日益，为道日损"（第四十八章）。

　　"善者不多，多者不善"，有本作"善者不辩，辩者不善"，置于"美言不信"后。"善者不多"——"多言数穷"（第五章）。"多"：多加施为，启下句"圣人不积"。

　　"圣人不积"——"多藏必厚亡"（第四十四章）。

　　中国古人以阳数九为大（多则归一），九九八十一章意为《道德经》含宇宙天地间所有数，最后又回归本原。本章指出：以道德精神给人的帮助越多，自己的精神越高尚；以道德精神为人建功立业越多，自己的道德精神越富有。"天之道，利而不害。圣人之道，为而不争。"天下共行此道，人类文明和谐，共享太平盛世。老子追求太上之治的道德社会，主旨精神就是为而不争，我为人人，人人为我。"为而不争"：圣人重在做蛋糕，自己不参与争分蛋糕。老子的分蛋糕理念：让统治者少分，民众多分，且均，"民莫之令而自均"（第三十二章）。

内

老子不老
昌新本
《道德经》注解

篇

概　论

　　"老子不老"是指《道德经》的哲学思想不老。

　　有本将《道德经》德经在前、道经在后，即从本书版本的第三十八章开始。第三十八章批评过礼治，是针对整个商周时代等级社会的礼治，其内容与《礼记》中的"王者制禄"，即贵族分封有关。因为世袭的贵族分封是王权以礼治之名行强侵民权民利之实，它偏离了道和德，也不合于仁和义。因而老子在该章说道："上德不德，是以有德。下德不失德，是以无德……失义而后礼。"因为礼治的结果只能走向"乱之首"，为大丈夫所不取。

　　为弘扬道德，第三十九章列举了天、地、神、山谷、万物、侯王等六组事物，其得道呈现出清、宁、灵、盈、生、正，及其失道呈现出裂、废、歇、竭、灭、蹶的不同结果。老子提出了道的重要理论，即"贵以贱为本，高以下为基"。老子表述道的作用有三个方面。一是天和地的道，其道来自天地外："有物混成，先天地生。寂兮寥兮，独立而不改，周行而不殆，可以为天地母"——第二十五章"道法自然"的道。二是山谷与万物的道，指的是"上善若水"（第八章），因为水能决定山谷的盈与竭、万物的生与灭。三是神得道则灵，失道则歇，侯王们得道则正，失道则蹶，决定在于民众这个道的信任与拥护，还是对立与反抗。老子又提出侯王们常使用的自谦语称：孤、寡、不谷。"此非以贱为本邪？"老子表示怀疑。

春秋时期，王纲坠落，诸侯争霸，战乱频仍，民生艰难，社会秩序动摇，原有的尊卑、长幼、友朋之间的礼仪，也表现出无序与失信。孔子认为，周文王的第四子旦公（周公/周公旦）所制的《周礼》，用以辅佐成王，天下为治，是可行的。孔子于公元前518年赴周王室所在的洛邑问礼于老子。老子不仅传授孔子所问之礼，还在谈话间告诫孔子：在当政者面前要慎言，不要暴露自己的志向，以免罹祸于身。孔子觉得老子不仅有师者风范，而且学识渊博，故赞曰"其犹龙耶"。老子和孔子有师生之谊，史实不仅见于《史记》所载，也多见于后世儒道弟子所传记，如韩愈的《师说》。

老子，之所以称其不老，是因为他的思想植根于中国古代先民，为人类可持续发展、长期同自然与社会的奋斗实践中创造的传统文化，及古代实行的优良的天下为公的社会制度。世界上有很多学者称中国古代的文化和文明是世界文化和文明的早熟品。中国古代在夏禹传子之前实行的社会制度，被称为道德社会。老子称之为"太上之治"，也称其为"无为而治"。孔子则直接称："无为而治者，其舜也与"（《论语·卫灵公》）后世学者认为，老子《道德经》的学说内容与黄帝治理天下的方略内容相通，因而合称为"黄老之学"或"黄老之术"。汉初孝文帝与曹参等执政者广泛采用道学治国。汉初出现了文景之治与经济振兴，汉朝在官用词语中出现"谷贱伤农"和"谷贵伤民"，以及"实事求是"。东汉长沙太守张仲景，其医德、医书普济民众，被民众称为"医圣"，很少称其官职——又一次注解了老子的"太上，不知有之"（第十七章）。第四十六章说："天下有道，却走马以粪。"西汉采取屯田戍边，三国时的曹操与孔明都实行过，应该说与道学有关。

唐初，唐太宗称老子为李姓先祖，道士出身的魏徵也深得太宗信任。魏徵能犯颜直谏，内容多以道德治国、戒奢从俭，奏章多以爱民惜民、轻徭薄赋言事。当然这与唐太宗以史为鉴、以人为鉴，接受道学有关。唐初出现贞观之治、开元盛世，后来由盛及衰，发生安史之乱，诗人杜甫由赞美"忆昔开元全盛日，小邑犹藏万家室"，转而哀叹"朱门酒肉臭，路有冻死骨"。历史上有道与无道何其明显。

道，原称天道，也称人道。遵道即遵循自然规律、科学规律、经济规律，民生与天道紧密相联。历史上的中国，民众以食为天，以此检验执政者：凡能使普通民众足食的当政者，老百姓便会爱戴，否则即为失政、失道。

老子的太上之治，以三皇五帝为道德形象，他们以天地为道德楷模。《道德经》第六十六章说：这样的天下王，"处上而民不重，处前而民不害。是以天下乐推而不厌。以其不争，故天下莫能与之争"。春秋时期已远离了道德社会，老子呼吁能够出现救民众于危难的天下王。这样的天下王须要忍受磨砺与屈辱，第七十八章说："受国之垢，是谓社稷主；受国不祥，是为天下王。正言若反。"老子时而呼吁宠辱不惊的天下王"爱以身为天下，若可托天下"（第十三章），时而呼吁"上士闻道，勤而行之"（第四十一章）、"善建者不拔，善抱者不脱"（第五十四章）。老子称这样的天下王是圣人，总结说："是以圣人常善救人，故无弃人；常善救物，故无弃物。是谓袭明。"（第二十七章）综上，老子认为民众是道的主体，而天下王（称为圣人的君主）是道的方向。要全面理解道德，还必须从《道德经》第一、二章概论入手，进而贯穿全书。

第一章是道的总纲，老子说："无名，天地之始。有名，万物之母。"与《周易·系辞上》"易有太极，是生两仪，两仪生四象，四象生八卦"意义相通。传统文化认为天地之道是以太极生出阴阳，天上有日月，地上有昼夜、四季。由于阴阳调和衍生万物。在道的支配作用下，一切事物都在永续运动、因果关联。老子认为天下所有事物都以"无"和"有"的表现方式存在和变化：事物是以聚而成有、显而成有；事物又以散而成无、隐而成无。因而第一章又提出："常无欲，以观其妙。常有欲，以观其徼。"释为：常从事物"无"的转化过程观察道的奥妙，常从事物"有"的转化过程观察道的范围。结束语说："此两者，同出而异名，同谓之玄。玄之又玄，众妙之门。"释为：事物的"无"和"有"同时存在，名称不同，在道的作用下不断地变化又转化。人们通过众多事物的"无"和"有"的变化过程，去观察道的门路，从而认识和遵循道——创建于未然，防患于未然。第一章可用"有无论道，识道之门"作结。

第二章可分两节。第一节将现实社会的观念及事物存在方式都以对立统一形式表述出来，即"天下皆知美之为美，斯恶已。皆知善之为善，斯不善已。故有无相生，难易相成，长短相形，高下相盈，音声相和，前后相随，恒也。"老子之所以列出事物的对立统一形式，一是因为事物本身存在着对立统一规律，二是因为事物的对立双方在一定条件下可以相互转化。春秋末期已远离道德社会1500余年，面对战乱频仍的局面，如何能使民众从灾难深重的处境解脱出来，回归到古圣先君为天下民众曾打造的良好的利益共同体，即天下为公的道德社会，老子提出了他的政治主张——实行无为而治。于是有了第二节的内容："是以圣人处无为之事，行不言之教。万物作而弗始，生而弗有，为而弗恃，功成而弗居。夫唯弗居，是以不去。"

以三皇五帝为代表的古代天下王，他们以天地为道德楷模，以民众的根本和长远利益为出发点，以打造民众长远而坚实的利益共同体为目标。他们实行的是无为而治，与后世的等级社会实行的"有为而治"有本质上的差别。第二十三章将后世的"有为而治"——离开了道和德的行为——归结为"失"。所谓"有为而治",事实上是实行有我为、有虚为、有妄为。有我为指当政者为自我和统治集团的利益需求而为。有虚为指以虚伪形式掩饰、虚假言辞欺骗群众,如假借"天命"、虚假政绩,以诸如贤名、忠勇、功利地位等鼓动民众。有妄为,如行霸权,轻易发动战争,为统治集团奢侈享受大兴劳民工程,或葬礼陪埋重器等。无为而治,第三十七章说:"道常无为而无不为。"肯定无为而治,是在否定有为而治的有我为、有虚为、有妄为,代之而实行以道为、以实为、以民为。以道为(无妄为),道原指天道,用今天的话即依科学规律、经济规律、自然规律而为。以实为(无虚为),从群众的实践出发,如水利工程、打造民众聚居区、驯养畜禽虫鸟、培植五谷、生产农耕器具、制作土陶等生活用品,集众多专业人才汇编历书、医典、药典等。以民为(无我为),以民众生活需求而为,如养老、携幼,防范自然灾害,治病防病、伤残救助,衣食住行、安置新增外来民众,以及教育、传授技术,等等。

第三章起老子首先以无为而治否定有为而治中的有我为,提出:"不尚贤……不贵难得之货……不见可欲……为无为,则无不治。"老子之所以提出"三不",是因为春秋时期诸侯间战争不断,这种鼓励民争的行为是引起战争的导火索,最终受害的是民众。老子之意图明确。

第四章老子第一次形容道的主体和作用:"道冲,而用之或不盈……挫其锐,解其纷,和其光,同其尘……象帝之先。"考虑民众作为道的主体时，说明圣人要注意民众的整体利益目标与思想行为上的统一，说明民众这个道创造社会万象。

第五章提出"天地不仁"与"圣人不仁"，提出"刍狗"只是表明天地之道不干预民意，圣人也不干预民众的生活习惯，如果强加干涉属违背天道。

第十五章："古之善为道者，微妙玄达，深不可识"，后面的"豫兮……犹兮……俨兮"描述有道者在面对群众运动时的种种表现，而像风像水随波逐流是整合的主要形态，遂提出："孰能浊以静之徐清？孰能安以动之徐生？保此道者不欲盈，夫唯不盈，故能敝而新成。"本章可以论述率领民众开创共同事业，就要目标明确，不断去敝更新。本章揭示一个道理：民众的事业只有更好，没有最好，只有不断开拓前进、去敝创新，才能使人类社会不断前进。如果停滞不前或固步自封，就会像一团死水没有生气。天地之道日新月异，人类社会也必须与时俱进，明天会更好，和谐向生、美善共赢是人类共同的、永无休止的目标。老子处静守柔、不争之德，限制的是私利，而对民众的公利的追求是无止境的。

第七十五章："民之饥，以其上食税之多，是以饥。民之难治，以其上之有为，是以难治。民之轻死，以其上求生之厚，是以轻死……"本章论述生产力和上层建筑之间的作用和反作用，是否提醒人们认识统治集团的政治、政策、思想取向与民心民情的相互关系？本章集中批评有为而治中有

121

我为、有虚为、有妄为不同程度的表现。

老子的政治主张倡导无为而治，是在弘扬中国传统文化。历史上三皇五帝这些古圣先君与中国先民共同创建的优秀文化及优良社会制度，使中华民族能够自古自立自强于世界民族之林，更能将优秀文化文明传承于世界、弘扬于世界。中国人不会数典忘祖，也不会固步自封；了解历史、认识昨天，明白当代人的责任担当与历史使命。试总结历史上中华文化文明的五大瑰宝。

一、历法

中国人的历法源远流长，最早起始于对天地时空的认识。有记录的历书起自伏羲氏先天八卦，后称《易经》。黄帝时再演《易经》，历书称为《黄历》。中国古代的农历是阴阳合历，计算地球绕日和月亮绕地球两个轨道的运行周期，阳历、阴历都设置闰年，年平均天数精确到365.25天，也出现了二十四节气的雏形。中国人用历书指导农业生产、驯养畜禽虫鸟。明白的"明"是日和月的结合，是从阴阳调和认识世界、认识天地之道。晓得的"晓"是日和尧的结合，是天人相济认识世界。

中国人时空观念的产生。中国四大发明中的指南（车），《史记》载是黄帝战蚩尤于涿鹿之野的发明，用以指示军士方向，从而战胜当时被称为蚩尤部落——武器优良、部族强盛的一方。说明黄帝的军队是代表民众整体利益，在古代公有制社会实行天地之道：君主与民众同呼吸共命运，群策群力的创造力是无穷的。正义的人民战争也必获胜利。宋代苏洵的《心术》论黄帝之军是正义的，所以屡战屡胜"兵不殆"。春秋时孙武论兵，无论五事七计，首要制胜条件也正是"道胜"："道者，令民与上同意也，故可以与之死，可以与之生，而不畏危。"这些都与老子"慈故能勇……天将救之，以慈卫之"的道理是一致的。中国古代的天下王与民众天人相济、天生地养，民众与君主共同奋战于天地之间，因而有了时空观念。民众是道的主体，天地是人的平台，没有天时、地利、人和，还能有什么？当哥白尼的日心说在科学界引起世界轰动时，中国人应用了数千年的农历科学界当如何评价？世界上不少科学家至今尚不知中国古代百姓早已熟知"新月如眉，残月如钩"，至于观风云而识天气、"近水楼台先得月，向阳花木易为春"，这些在科学实验室得不到的科学知识，在中国民众的生活生产实践中早已获得。

二、农耕文化文明

中国古代夏禹以前的公有制社会为民众培植、驯养的五谷六畜，至今仍然是中国民众的主要粮食和肉食来源。在机械化前，农耕生产力主要靠牛马骡驴。在古代，无论垦耕土地还是驯养畜禽，没有集体民众参与是办不到的。对伏羲氏这位三皇文化代表，人们除了知道他整理八卦、参与造字外，同时也叙说他推广网罟、驯养野兽等。中国人捕兽擒鸟的传统工具主要是网罟，但世界上讲解原始人类的生存、生产好像只是"几个石头磨过"。人类如果只采用石器，不广泛使用网罟的话，很难捕获和驯养猛兽。老子说，"天网恢恢，疏而不失"，民众采用网绳技术应该比用石器对付野兽更为普遍、更有实效。然而撒网捕兽、驯兽绝非少数人能够完成。公有制社会为人类驯养牲畜，并以驯养的牲畜用于农耕，不是少数人可以完成的事业；优良畜产品和优良农产品的培植技术也绝不是几代人就可以完成的。中国的五谷六畜长期沿用，并且在农耕文化文明中相互作用，牲畜用于农耕，如牛耕马拉，粪便用于增加肥力。孔子和老子时期，农耕在中国已相当专业化。《论语》"吾不如老农……吾不如老圃"体现出老农、老圃的分工，反映农耕活动早已分化出生产粮食、果蔬菜类等。《道德经》第八十一章："知者不博，博者不知。"中国的农业与制造业早已分工，周朝六卿中，冬官司空主管工匠、制造业。虽不及全貌，但仅从这些传承可见中国古代的自然与民众的生活生产。老子倡导"俭故能广"，反对统治者追求金玉珍玩、礼器贡品的奢侈而轻视民众的生活生存、农耕文化的发展。这也正是老子倡导无为而治、恢复道德社会的初衷。

三、中医中药

中国的药典至今推崇的是《神农本草经》，医典则首推《黄帝内经》，包含中医的基础理论，如防重于治、八纲辨证、四季养生、人体穴位等。至今，中医中药对人类的疾病防治与养生保健发挥巨大作用，任何一种传统文化文明无法与之相比。中医之所以能对人类有这样广大而实用的健康效用，是因为包含数千年医药医疗实践的总结。《素问》是黄帝君臣问答形式的，在后代医书中少见，古代这些天下王关心民生不是喊几句体贴民众的话语，而是组织天下医术医德杰出者，创造出像《黄帝内经》《神农本草经》这样的医典药典，是私有社会所不能完成的宏文伟作。所以，中医药在后世的传承并不够深入和细致。老子说的"功成而弗居"当然不是仅指中医药一项。

四、中国文字文明

中国的文字文明与世界其他民族的不可同日而语。中国的文字创造都有独立意义，不仅有文字本意，还有文明传承。英国实验科学奠基人之一培根曾说，中国文字对世界文化文明的推动作用不亚于中国的四大发明。德国数学家莱布尼茨认为中国《易经》卦象有助于他对二进制数学的阐发。这启发我们理解《易经》阴阳数理的迭加和递减变化是根据物质运动的变化而产生。中国文字创造传说始于伏羲氏，他开天一笔创造了天字。天字由乾卦三连（☰）中的两连加人字组成，意义是天可生人、人可识天、人可补天。而人字产生于天字之前，说明伏羲氏也是文字创造过程中的集大成者。人字是象形字，它组成简单、意义重要，其含义是相互扶持而成人，即含有男女相扶持、长幼相扶持、彼此相扶持的意义。中国人自古使用筷子用餐，或许与人字的形成互为启发。

乾卦的象辞："天行健，君子以自强不息。""道"字是行（辶）之首；日月行天道东升西落，是道的表现之一。"地"字组成为土也。《尚书·洪范》："土爰稼穑。"本意是说中国人借助土地，首先是种庄稼和收庄稼。八卦中坤卦为地，坤卦的象辞："地势坤，君子以厚德载物。"中国自古以土为德，称黄帝有"土德之瑞"。民众以土地为基础生活、生产，使人类和自然生态和谐向生、美善共赢。中国五行以土居中，土色黄，人种黄，黄河又为母亲河。黄帝时丰富文字文化，创造医典，又以农耕为基础发明、改良运输车船、器具及指南车等，更以军事武装保护天下诸侯国免受侵犯，使人民安居乐业。在文字系统中，土生田，禾生和、利，富离不开田，福也离不开田。"胃"属中焦，由田和月组字，说明人主食五谷。帝王之胄的胄字，田出头。黄字是"共""由"组字。黄帝是中国人的共同祖先，实至名归。

黄帝时的主要造字官是左史官仓颉。"我"字也有深远意义，本义是手持大钺，后来演变成右边是"戈"。组字的意义可以解读为：我们不要忘记在创造物质文明和精神文明的同时，用武器保护民众利益。《道德经》第六十九章："祸莫大于轻敌，轻敌则几丧吾宝。"第七十六章："是以兵强则灭，木强则折。"老子提醒的忘战必危、好战必亡是古今中外屡被验证的警语，也是我们今天应重视并时刻警醒的大事。

五、中国古代天下为公的道德社会对世界文化文明的推动作用

中国古代以三皇五帝为代表的天下为公的道德社会，持续时间较长，使中国民众自古形成根深蒂固的天地道德、天人相济及和平统一的理念。第五十九章："治人事天，莫若啬。夫唯啬，是谓早服。早服谓之重积德……是谓深根固柢，长生久视之道。"中国古代是世界上几个文明古国之一，但在中国的历史上没有形成发达的奴隶社会国家，而后来的封建社会持续时间长。这些都是中国古代社会不同于其他文明古国的特点。由于中国古代社会公有制时间较长，向私有制家天下转型是通过禅让和举荐形式完成的。中国的奴隶身份属于家族成员，称之为家内奴隶制。奴隶在社会上享受一般民众的人权。春秋时期秦穆公广用人才，举荐奴隶出身的百里奚任大夫，使秦国经济、国力大振，成就霸业。战国后期秦王嬴政继位时，秦国在综合实力上已取得领先地

位。秦始皇以三皇五帝之名，称"始皇帝"，统一中国实非秦始皇一代之功。但秦始皇统一全国后却以空前的严刑峻法统治民众，引起天下农民纷纷揭竿起义，秦的二世速亡也为历史必然。

楚汉之争，项羽恃强争霸，失民心而弃谋臣，闻楚歌而丧乌江。刘邦则能治蜀地而抚关中，聚群雄而安天下。汉朝能够以黄老之学治国，使民众能够得到一定程度的休养生息。汉以后中国分而复统，统而复分，治而乱，乱而治。中国人怀念天下为公，呼吁道德社会的意愿始终没有改变。历代农民起义打着替天行道、为民请命的旗号，总是能鼓舞民心。然而，"善始者实繁，克终者盖寡"。

20世纪初，马克思主义和共产党宣言传入中国，引发民众和志士仁人极大的热情，乐于为美好理想而奋斗的中国共产党也应运而生。老子的"慈故能勇"又一次得到验证，前赴后继的中国革命先驱实行新的"无为而治"，以打造人类命运共同体为己任，实践着《道德经》第八十一章的结论："天之道，利而不害。圣人之道，为而不争。"老子何"老"之有？

老子之博物

"道"从何来？

一部五千字的作品，小于当今很多论文的篇幅，而能影响、启迪无数人，必然因浓缩了大量观察、思考和前人智慧，其信息密度和整体性、贯通性已无法言喻。正所谓厚积而薄发。

老子观察、收集、记录了很多自然、社会现象，在分类、归纳的基础上形成《道德经》的世界观、价值观和哲学。老子通过观察和阅读文献获取资料，是朴素的博物学家。老子的博物学是其哲学的基础，两者紧密相联。而晚近的西方博物学与理学密切相关，以描摹、分类物之性状，求自然之理为主，例如18世纪的林耐、19世纪的达尔文。16世纪的李时珍是这之间起承转合的人物，究自然之理为人所用。

将《道德经》之博物分为三类，按照自然现象、社会生活、人类个体整理如下。原文后括注篇章序号。

一、自然现象

（一）天地、万物的本原、发展、归宿

无名，<u>天地之始</u>。有名，<u>万物之母</u>……玄之又玄，众妙

之门（1）

　　天长地久。天地所以能长且久者，以其不自生（7）

　　万物并作，吾以观复。夫物芸芸，各复归其根（16）

　　有物混成，先天地生（25）

　　万物负阴而抱阳，冲气以为和（42）

　　天地之始，万物之母。天地长久及其长久的原因。天地之前、之外的事物。万物的存在状态、为和机制、运行规律。

　　（二）季节

　　若冬涉川（15）

　　如春登台（20）

　　冬季、春季人们受时节影响和感召的行为。

　　（三）气象

　　飘风不终朝，骤雨不终日（23）

　　天地相合，以降甘露，民莫之令而自均（32）

　　极端天气持续时间短。雨露等降水形成的原因，及其均等性。

（四）地理地貌

谷神不死，是谓玄牝（6）

金玉（9）

旷兮其若谷（15）

惚兮其若海（20）

瑓瑓如玉，珞珞如石（39）

江海所以能为百谷王者，以其善下之（66）

谷地的容纳与生发之力。金玉的财富属性。海的深度与颜色。玉、石形态质地的对比。江海地势低，是百川汇聚的原因。

（五）水的属性、形态

水善利万物而不争（8）

涣兮其若凌释……浑兮其若浊……孰能浊以静之徐清？（15）

川谷之于江海（32）

天下莫柔弱于水，而攻坚强者莫之能胜，以其无以易之（78）

水对万物的作用。水的不同状态：冰雪融解的状态，包含杂质的混合状态，沉淀会澄清。水由高到低的运动方向。

水无常形，水的渗透作用。

（六）植物

荆棘生焉（30）

不谷（39、42）

合抱之木，生于毫末（64）

草木之生也柔弱，其死也枯槁……木强则折（76）

重为轻根……轻则失根（26）

植物的替代：占据生长空间。（粮食）作物不结实。树的周长测量，从籽实到成熟的生长过程。草本、木本植物的区分，生、强、死的状态和发展规律。根系对地面以上部分及对整体的重要作用。

（七）动物

天地不仁，以万物为刍狗（5）

鱼不可脱于渊（36）

天下有道，却走马以粪。天下无道，戎马生于郊（46）

陆行不遇兕虎……兕无所投其角，虎无所措其爪（50）

毒虫不螫，猛兽不据，攫鸟不搏（55）

小鲜（60）

拱璧以先驷马（62）

鸡犬之声相闻（80）

天地与万物生长的关系。鱼适宜的生存环境。人类社会对生态的影响。兕、虎在陆地生活，分别用角、爪攻击。虫、兽、鸟的分类，如有毒、无毒，凶猛、无害等，攻击的方式分别为：螫、据、搏。小鱼在被加热时的状态及烹饪方式。动物参与礼制。鸡犬作为百姓的家禽、家畜：作用与饲养模式。

老子及当时的人已有动物栖息地、领地的意识（理念），不进入就无死地。动物可分为昆虫、两栖类、鱼类、哺乳类、鸟类；水生、陆生；猛兽、非猛兽；有毒、无毒。植物分为草本、木本。

（八）微观世界

挫其锐，解其纷，和其光，同其尘（4、56）

视之不见曰夷，听之不闻曰希，搏之不得曰微（14）

余食……物或恶之（24）——微生物的作用。

用其光，复归其明（52）

视觉、听觉、触觉的极限。食物腐败。光的组成：光源、光明。光的特性：复合。

（九）物性

有无相生，难易相成，长短相形，高下相盈，音声相和，前后相随，恒也（2）

母—子　生—死　牝—牡　敝—新　等

曲则全，枉则直，洼则盈，敝则新，少则得，多则惑
（22）

重为轻根，静为躁君（26）

柔弱胜刚强（36）

万物负阴而抱阳，冲气以为和（42）

静胜躁，寒胜热（45）

出生入死。生之徒，十有三。死之徒，十有三。人之
生，动之于死地，十有三（50）

牝常以静胜牡，以静为下（61）

坚强者死之徒，柔弱者生之徒……强大居下，柔弱居上
（76）

平均每章有10组以上的对立统一矛盾。描述矛盾对立面
的相互转化。总结阴阳、牝牡、生死的规律。

二、社会生活

（一）生活

1.个人修养（谦退）

功成身退，天之道也（9）

保此道者不欲盈（15）

不自见故明，不自是故彰，不自伐故有功，不自矜故长。夫唯不争，故天下莫能与之争（22）

知人者智，自知者明。胜人者有力，自胜者强。知足者富，强行者有志。不失其所者久，死而不亡者寿（33）

甚爱必大费，多藏必厚亡。故知足不辱，知止不殆，可以长久（44）

其出弥远，其知弥少（47）

为学日益，为道日损（48）

轻诺必寡信，多易必多难（63）

千里之行，始于足下（64）——旅行。

2. 集体生活（社会纷扰）

犹兮若畏四邻，俨兮其若客（15）

众人熙熙，如享太牢，如春登台……众人皆有余……俗人昭昭……俗人察察……众人皆有以（20）

乐与饵，过客止（35）

上士闻道，勤而行之。中士闻道，若存若亡。下士闻道，大笑之（41）——社会分层。

塞其兑，闭其门，终身不勤。开其兑，济其事，终身不救（52）

挫其锐，解其纷，和其光，同其尘（4、56）

弱之胜强，柔之胜刚，天下莫不知莫能行（78）

使民重死而不远徙……甘其食，美其服，安其居，乐其

俗。邻国相望，鸡犬之声相闻，民至老死不相往来（80）

家庭、邻里（社区）、社会的生活形式。善于用对比说理。

3.圣人（修身典范、标准）

善行无辙迹，善言无瑕谪（27）

大直若屈，大巧若拙，大辩若讷，大赢若绌（45）

圣人方而不割，廉而不刿，直而不肆，光而不耀（58）

圣人被褐而怀玉（70）

知者不博，博者不知。善者不多，多者不善。圣人不积，既以为人，己愈有；既以与人，己愈多（81）

（二）生产、职业

1.农业（含畜牧、捕猎等）

生之畜之（10）

驰骋畋猎，令人心发狂（12）

荆棘生焉……必有凶年（30）

却走马以粪（46）

田甚芜（53）

天网恢恢，疏而不失（73）——说明网的应用。

其犹张弓欤？高者抑之，下者举之。有余者损之，不足者补之（77）

鸡犬之声相闻（80）

老子描写田甚芜、仓甚虚、荆棘生焉、必有凶年的农业荒废景象，批评上食税之多，体现重视民生之本。

从狩猎转变为畜牧。畜牧与农业种植的结合。畜牧分为家养（鸡犬）与畜力使用（交通、耕种）。

2. 行政管理

国家昏乱，有忠臣（18）

朝甚除（53）

法令滋彰，盗贼多有（57）

立天子，置三公（62）

常有司杀者杀（74）

民之饥，以其上食税之多（75）

有德司契，无德司彻（79）

国家治乱与臣僚表现的辩证关系，政令简繁与国家治乱的辩证关系，上食税多寡与民饥安的辩证关系。天子、三公是天命立置。还有司杀、司契、司彻、司法、司税等行政管理者。

3. 百工（商业、服务业、手工业等）

其犹橐龠乎？虚而不屈，动而愈出（5）

揣而锐之，不可长保。金玉满堂，莫之能守（9）——打磨、金匠、玉匠、守卫。

三十辐共一毂，当其无，有车之用。埏埴以为器，当其无，有器之用。凿户牖以为室，当其无，有室之用（11）——制车、制器、建筑。

五色……五音……五味……驰骋畋猎……难得之货（12）

绝巧弃利，盗贼无有（19）

善数，不用筹策。善闭，无关楗而不可开。善结，无绳约而不可解（27）

乐与饵（35）

仓甚虚。服文彩，带利剑，厌饮食，财货有余，是为盗夸（53）——仓储、制衣、武器制造、厨师。

人多利器，国家滋昏。人多伎巧，奇物滋起（57）

烹小鲜（60）

虽有拱璧以先驷马（62）

九层之台，起于累土（64）

大匠斫（74）

虽有舟舆，无所乘之……使民复结绳而用之（80）

4. 军事

以道佐人主者，不以兵强天下（30）

偏将军居左，上将军居右，言以丧礼处之（31）

戎马生于郊（46）

入军不被甲兵……兵无所容其刃（50）

善为士者，不武。善战者，不怒（68）

虽有甲兵，无所陈之（80）

国事与军事的关系：军事居于从属地位。军事礼仪与日常礼仪的不同。军事对农事的妨害。对战争应早做准备与预防。详见后文《老子的军事思想》。

5. 小结

《道德经》包含的行业（劳动分工）有：种植（施肥）、畜牧、打猎、捕鱼、砍伐、商业、建筑、仓储、炊事、纺织（制衣）、制陶、行政管理（司法、税务等）、计算、交通运输（驾驶舟、车，骑马）、军事、武器制造、木工、冶炼、打磨、金属加工、玉石加工、制车、守卫、绘画、音乐、占卜等。反映职业分工和演变过程。

（三）社会管理

1. 无为

圣人不仁，以百姓为刍狗（5）

太上，不知有之。其次，亲之誉之。其次，畏之。其次，侮之。信不足焉，有不信焉。悠兮，其贵言。功成事遂，百姓皆谓我自然（17）

绝圣弃智，民利百倍。绝仁弃义，民复孝慈。绝巧弃利，盗贼无有（19）

希言自然（23）

圣人终日行不离辎重。虽有荣观，燕处超然（26）

天下有道，却走马以粪（46）

知者不言，言者不知（56）

其政闷闷，其民淳淳（58）

治大国，若烹小鲜（60）

勇于不敢则活（73）

虽有舟舆，无所乘之。虽有甲兵，无所陈之。使民复结绳而用之（80）

思想者、决策者、管理者不以主观喜好加之于国政、民众。对管理者的执政水平进行分级评价，而非对民众分级。均衡社会发展，避免尚贤、圣、智、仁、义、巧、利。为政简繁与国家治乱的辩证关系。

2. 有为的后果

大道废，有仁义。智慧出，有大伪。六亲不和，有孝慈。国家昏乱，有忠臣（18）

奈何万乘之主，而以身轻天下？轻则失根，躁则失君（26）

师之所处，荆棘生焉。大军之后，必有凶年（30）

上礼为之而莫之应，则攘臂而扔之。故失道而后德，失德而后仁，失仁而后义，失义而后礼。夫礼者，忠信之薄，而乱之首（38）

天下无道，戎马生于郊（46）

朝甚除，田甚芜，仓甚虚。服文彩，带利剑，厌饮食，财货有余，是为盗夸（53）

天下多忌讳，而民弥贫。人多利器，国家滋昏。人多伎巧，奇物滋起。法令滋彰，盗贼多有（57）

其政察察，其民缺缺……人之迷，其日固久（58）

民之难治，以其多智（65）

今舍慈且勇，舍俭且广，舍后且先，死矣！（67）

民不畏威，则大威至（72）

勇于敢则杀（73）

夫代司杀者杀，是谓代大匠斫。夫代大匠斫者，稀有不伤其手矣（74）

兵强则灭（76）

有为与价值观（仁义）、家庭（孝慈）、社会（大伪）、国政（忠臣）乱象的因果关系。有为的两个表现（轻、躁）及其后果。有为的极端：军事征伐，伤害也是极端。有为的层次递进（失道、失德、仁—失、义—失、礼—失、扔、乱），造成的社会乱象愈发严重。炫扬有为，实为盗夸。政令繁简与民众贫富的辩证关系，民众营利、心机增长与社会乱象的辩证关系。有为造成民众与威权矛盾的积累，民众决定历史发展进程（失根→失君）。管理社会（司杀）与管理自然（大匠斫）的对比，又如"治大国，若烹小鲜"。

3. 社会制度

君子居则贵左，用兵则贵右……吉事尚左，凶事尚右。偏将军居左，上将军居右，言以丧礼处之。杀人之众，以悲哀莅之。战胜，以丧礼处之（31）

侯王自称孤、寡、不谷（39）

美言可以市尊，美行可以加人……立天子，置三公……有拱璧以先驷马（62）

常有司杀者杀（74）

民之饥，以其上食税之多，是以饥。民之难治，以其上之有为，是以难治。民之轻死，以其上求生之厚，是以轻死（75）

日常礼仪与军事礼仪的对比，吉事与凶事礼仪的对比。侯王对自己的谦称。美好的言行可吸引拥趸。天子、三公的立置与仪礼。行政管理的专业分工。上之所取，取自民众；上之所取、所为与民之所得的矛盾（此消彼长、此长彼消、彼长此长、彼消此消）。竭力维护统治，适得其反。

4. 管理手段

是以圣人之治，为腹不为目，故去彼取此（12）

孰能浊以静之徐清？孰能安以动之徐生？（15）

圣人无常心，以百姓之心为心……圣人在天下，歙歙焉为天下浑其心，百姓皆注其耳目，圣人皆孩之（49）

塞其兑，闭其门，挫其锐，解其纷，和其光，同其尘，是谓玄同（56）

其安易持，其未兆易谋。其脆易泮，其微易散（64）

古之善为道者，非以明民，将以愚之……不以智治国，国之福（65）

高者抑之，下者举之。有余者损之，不足者补之。天之道，损有余而补不足……孰能有余以奉天下？唯有道者（77）

甘其食，美其服，安其居，乐其俗（80）

关注、保障基本民生。从群众中来，及时、广泛地获取信息；到群众中去，融入群众（和其光，同其尘），混同民众意见。从自身、身边做起，推己及人、由近及远。共同富裕，调节过高、过低收入。注重预防（为之于未有，治之于未乱）。节制、约束管理者自身（无为、好静、无事、无欲），界定管理者和民众的利益边界。民众监督机制。

和自然万物一样，社会管理也负阴而抱阳：以吉、凶事区分，不把凶事（军事）作为主要方面（利益来源），避免在这方面的喜悦和追逐。在管理中注重民众的获得感、满足感，不空喊口号、不好大喜功，不以难得之货妨害民生之本。国内事业、国际交往都注重务实，为大于细，图难于易，善处下。

老子的政治哲学是自下而上（高以下为基）、自内而外的（外其身而身存），不追求大，故能成其大。老子的政治哲学回答了几个问题：政治为了谁？谁享有成果？应该约束谁，及怎样约束？应该评价谁，及评价体系？怎样收集信息？怎样与民众相处？等等。详见后文《老子的政治哲学》。

（四）一般规律

祸兮，福之所倚。福兮，祸之所伏（58）
反者道之动（40）——自然、人类社会的整体规律。

三、人类个体

（一）心理现象

1. 社会影响
富贵而骄，自遗其咎（9）——收入、阶层影响心理。
驰骋畋猎，令人心发狂（12）——社会活动影响心理。
宠辱若惊，贵大患若身。何谓宠辱若惊？宠为上辱为下，得之若惊，失之若惊，是谓宠辱若惊。何谓贵大患若身？吾所以有大患者，为吾有身。及吾无身，吾有何患？（13）——价值观影响情绪。

犹兮若畏四邻，俨兮其若客……保此道者不欲盈（15）——人际交往中的心理。

太上，不知有之。其次，亲之誉之。其次，畏之。其次，侮之（17）

众人熙熙，如享太牢，如春登台。众人皆有余，我独遗。我愚人之心也，沌沌兮。俗人昭昭，我独昏昏。俗人察察，我独闷闷……众人皆有以，我独顽且鄙。我独异于人（20）——集体心理，及与个人心理的对比。

乐与饵，过客止（35）——感官体验影响情绪。

前识者，道之华，而愚之始（38）

负面相关的情绪：骄、狂、惊、熙熙、昭昭、察察，偏于外放。

正面相关的情绪：豫、犹、俨、沌沌、昏昏、闷闷，偏于内敛。

民众对管理者的心理与态度，详见后文《老子的政治哲学》之"政治心理学"。

2. 修心（心理建设）

虚其心……弱其志……常使民无知无欲（3）

载营魄抱一，能无离乎？抟气致柔，能如婴儿乎？修除玄览，能无疵乎？（10）

致虚极，守静笃（16）

杀人之众，以悲哀莅之（31）

下士闻道，大笑之。不笑不足以为道（41）

甚爱必大费，多藏必厚亡。故知足不辱，知止不殆，可以长久（44）

为学日益，为道日损（48）

轻诺必寡信，多易必多难（63）

抗兵相若，哀者胜矣（69）——军事心理学。

使民重死而不远徙……甘其食，美其服，安其居，乐其俗（80）

内敛情绪，纯净思绪，协调身心。心理变化改变行为。过度的情绪有害。安定生活、习俗、文化，增强幸福感。

（二）生理现象

1. 感官限制

视之不见曰夷，听之不闻曰希，搏之不得曰微（14）

视觉、听觉、触觉的限制。

2. 成长规律

含德之厚，比于赤子。毒虫不螫，猛兽不据，攫鸟不搏。骨弱筋柔而握固，未知牝牡之合而朘作，精之至也。终日号而不嗄，和之至也（55）

人之生也柔弱，其死也坚强（76）

人幼时的生理状态、表现和原因，对比老时的。

3. 社会影响

五色令人目盲。五音令人耳聋。五味令人口爽（12）

多视、多听、多尝影响视觉、听觉、味觉。

4. 生理建设

实其腹⋯⋯强其骨（3）

四、《道德经》之事物分类

（一）数字

一：载营魄抱一（10）　三十辐共一毂（11）　此三者不可致诘，故混而为一（14）　抱一为天下式（22）　域中有四大，而人居其一焉（25）　昔之得一者，天得一以清，地

得一以宁，神得一以灵，谷得一以盈，万物得一以生，侯王得一以为天下正（39）　道生一，一生二（42）　一曰慈（67）

二：此两者（1，65，73）　一生二，二生三（42）　夫两不相伤（60）　夫两者各得所欲（61）　知此两者亦稽式（65）　二曰俭（67）　此两者，或利或害（73）

三：此三者不可致诘（14）　此三者以为文不足（19）　二生三，三生万物（42）　生之徒，十有三。死之徒，十有三。人之生，动之于死地，十有三（50）　置三公（62）　我常有三宝，持而保之……三曰不敢为天下先（67）

四：明白四达（10）　犹兮若畏四邻（15）　域中有四大（25）　驷马（62）

五：五色令人目盲。五音令人耳聋。五味令人口爽（12）

六：六亲不和（18）

九：九层之台，起于累土（64）

十：十有三（50）　什伯之器（80）

三十：三十辐（11）

百：以百姓为刍狗（5）　百姓皆谓我自然（17）　民利百倍（19）　以百姓之心为心（49）　百姓皆注其耳目（49）　江海所以能为百谷王者，以其善下之，故能为百谷王（66）

千：千里之行（64）

万：有名，万物之母（1）　万物作而弗始（2）　似万物之宗（4）　以万物为刍狗（5）　水善利万物而不争（8）　万物并作（16）　奈何万乘之主（26）　万物将自宾（32） 万物恃之以生而不辞……万物归焉而不为主（34） 万物将自化（37） 万物得一以生（39） 万物无以生将恐灭（39） 天下万物生于有（40） 三生万物。万物负阴而抱阳（42） 是以万物莫不尊道而贵德（51） 万物之奥（62） 以辅万物之自然（64）

出现的数字以万、一最多，多为虚指、代称。五、六涉及消极。

老子数字的实与虚：

数量的虚：民利百倍、千里之行、万乘之主、万物。

计算的虚：十有三。

指代的实：此两者、此三者、域中有四大，而人居其一焉。

（二）五色、五音、五味

1.颜色

五色令人目盲（12）

知其白，守其黑（28）

大白若辱（41）

服文彩（53）

被褐而怀玉（70）

2.声音

音声相和（2）

乐与饵，过客止（35）

大音希声（41）

3. 食味

五味令人口爽（12）

曰余食赘行。物或恶之（24）

天地相合，以降甘露（32）

淡乎其无味（35）

厌饮食（53）

味无味（63）

甘其食（80）

民之饥，以其上食税之多，是以饥（75）

具体的五味只提到甘（甘露、甘其食），而且均为正面，说明当时的饮食习惯和味觉系统。

4. 小结

乐只出现一次；饵、食、味出现时，要么是负面，要么是淡乎其无味、味无味。显示老子对音乐、美食等享乐持消极态度，但其语言表达又合音律。

《道德经》表述五色、五音、五味时，存在形而下（乐与饵）、形而上（道）的矛盾，抑下扬上。——老子的物质生活与精神思考。

（三）度量单位

1. 长度

长短相形（2）

合抱之木……九层之台……千里之行（64）

不敢进寸，而退尺（69）

分别谈及周长、高度、距离。

由短及长：寸，尺，合抱，九层，千里。

2. 价值

民利百倍（19）

3. 时间

天长地久……长生（7）

动善时（8）

执古之道，以御今之有（14）

冬（15）

自今及古（21）

不终朝……不终日（23）

圣人终日行不离辎重（26）

年（30）

知足不辱，知止不殆，可以长久（44）

为学日益，为道日损（48）

终日号而不嗄（55）

人之迷，其日固久（58）

有国之母，可以长久。是谓深根固柢，长生久视之道（59）

若肖，久矣其细也夫（67）

时间由短及长：不终朝，不终日，终日，冬，草木一生（木一生可更长），年，人一生，国盛衰，自今及古，天长地久。

4. 小结

量词均为泛指，反映作者研究旨趣。

使用量词时，规避广泛普及的粮食重量单位，说明作者要阐述弘扬的恰恰是民生。

（四）方位

高下相盈……前后相随（2）

圣人后其身而身先，外其身而身存（7）

明白四达（10）

其上不皦，其下不昧（14）

君子居则贵左，用兵则贵右……吉事尚左，凶事尚右。偏将军居左，上将军居右（31）

大道氾兮，其可左右（34）

高以下为基（39）

上士闻道，勤而行之。中士闻道，若存若亡。下士闻道，大笑之（41）

江海所以能为百谷王者，以其善下之，故能为百谷王。是以圣人欲上民，必以言下之；欲先民，必以身后之。是以圣人处上而民不重，处前而民不害（66）——地势高低。

舍后且先（67）

强大居下，柔弱居上（76）

高者抑之，下者举之（77）

小结：高下、前后、先后、外、四达、上下、左右、氾、上中下。

五、《道德经》之五行

（一）水

1.气象

骤雨不终日（23）

以降甘露（32）——露。

若凌释（15）——固体到液体：物理形态随气温变化而改变。

冬涉川（15）——冬天河流的状态。

2. 地理

惚兮其若海（20）——海的辽阔。

为天下溪（28）

犹川谷之于江海（32）——百川归海。

大国者下流（61）

江海所以能为百谷王者，以其善下之（66）——地理常识：水域中海的水平面较低。

3. 品德（物性、拟人）

上善若水。水善利万物而不争，处众人之所恶，故几于道。居善地，心善渊，予善天，言善信，正善治，事善能，动善时。夫唯不争，故无尤（8）——润物、重力、容纳、势能、变化。

天下莫柔弱于水，而攻坚强者莫之能胜，以其无以易之。弱之胜强，柔之胜刚……是以圣人云：受国之垢，是谓社稷主；受国不祥，是为天下王。正言若反（78）——柔弱、物理形态、容纳。

（二）木

1. 生长规律

合抱之木，生于毫末（64）

草木之生也柔弱，其死也枯槁。故坚强者死之徒，柔弱者生之徒……木强则折（76）

2.（社会）器用

三十辐共一毂，当其无，有车之用（11）——制轮、制车。

绳绳兮不可名（14）

善闭，无关楗而不可开。善结，无绳约而不可解（27）

服文彩（53）——制衣、染色。

天之道，其犹张弓欤？高者抑之，下者举之。有余者损之，不足者补之（77）——制弓、弹力。

使民复结绳而用之……美其服（80）——制绳、制衣。

（三）土

1. 物性

同其尘（4）——体积、混同。

善行无辙迹（27）——变形。

璓璓如玉，珞珞如石（39）——亮度、色泽、硬度。

2. 效用

埏埴以为器……凿户牖以为室（11）——制器、建筑。

九层之台，起于累土（64）——建筑。

（四）金

1. 财富

金玉满堂（9）

2. 军事（武器）

入军不被甲兵……兵无所容其刃（50）

带利剑（53）

执无兵（69）

兵强则灭（76）

虽有甲兵，无所陈之（80）——铠甲（防御）、兵器。

（五）火

和其光（4）——物性（光的混同、复合光）、修养。

其上不皦，其下不昧（14）——光度、修养。

用其光，复归其明（52）——发光体（发光原理）、

修养。

光而不耀（58）——亮度、修养。

（六）总结

第十二章：五色、五音、五味。味只有甘，色只有黑、

白、褐，说明老子的重点是辩证论述，不在穷举事例。

除了五行之外，还有气（风）的存在。

天地之间，其犹橐龠乎？虚而不屈，动而愈出。多言数穷，不若守中（5）

抟气致柔，能如婴儿乎（10）

飘风不终朝（23）

万物负阴而抱阳，冲气以为和（42）

心使气曰强（55）

气是维持天地、个体，五行、八卦等运转的动力。天地之间，其犹橐龠乎？虚而不屈，动而愈出。试作《沁园春·风》以记之。

沁园春·风

浩瀚宇宙，莽荡乾坤，大气磅礴。任长飙不停，轩辕称颂，高祖歌吟，贯古续今。春生夏长，秋收冬存，华夏文明始农耕。民为贵，嘱走马以粪，本固邦宁。

人间何故战频，为水激云滚雷电鸣。称替天行道，讨逆以正。匈奴犯掳，不容安枕。穷则思变，否极泰生，一元既始万象新。道德归，斯民英雄聚，天下为公。

六、老子博物之词汇

（一）部分字词（组）频次统计

之254；不239；以166，其中以其13；其143；而120；

为116，其中无为14；无106；天93，其中天下60；者92；人89；有82；下80，其中天下60；道76；是70，其中是以38，是故2；故65；大60，其中大道4；知56；善51，其中不善7；于49；若47；德45；生38；物36，其中万物19；可35，其中不可19；能33；圣人33；民33；得33，其中不得4；自33；则31；常31；国28；兮27；所27，其中无所6；曰23；身23；是谓23；强22；将22；吾22；事21；莫21；行20；言20；足20，其中不足12；我19；明19；地19；上19；死18；成18；失18；或18；此16；长16；多16；复15，其中复归6；一15；信15；唯15；胜15；见14；治14，其中治国4；明13；矣12；取12；谷12；乃12；处12；玄12；器12；兵12；柔11；静11；同11；归11；弱11；然11；易11；王11，其中侯王5；去10；正10；焉10；孰10，其中孰能3；利10；终10；小10；非10；后10；美10；争10，其中不争8；众9，其中众人5；至9；盈9，其中不盈2；轻8；古8；先8；始8；令8；乐8；损8；皆8；恶7；功7；出7；败6；重6；益6；抱6；跟6；极6；且6；独6；日6；动5；左5；货5；法5；自然5；害5；两5；军4；及4；光4；少4；妙4；反4；右4；士4；救4；入4；绳4；徒4；公4；昏4；学4；希4；马3；渊3；水3；今3；前3；战3；海3；伐3；灭2；又2；江2

叠词总结：绵绵若存 绳绳兮不可名 夫物芸芸 众人熙熙 累累兮，若无所归 我愚人之心也，沌沌兮。俗人昭昭，我独昏昏。俗人察察，我独闷闷 是故不欲珠珠如玉，

珞珞如石　歙歙焉为天下浑其心　以其生生之厚　其政闷闷，其民淳淳。其政察察，其民缺缺　不知知，病矣。圣人不病，以其病病。夫唯病病，是以不病

（二）总结

不239、莫21、非10、希4，说明老子擅长对比分析、论证，用辩证法考虑事物的两面。

为（无为）116、将22，说明老子重视实践检验以及实践的后效。

故65、是以38、则31、以其13、乃12、是故2，说明老子重视挖掘因果联系。

且6、独6、及4，说明老子重视物性的两（多）面及联系，全方位了解事物。

同11、皆8，总结事物的共性。

徒4，总结事物的规律和特征。

又2、日、终、益，表示程度。

类比词汇：如第六十章总结的无为、不言、好静、无事、闷闷、啬，等。

人（除圣人外）56、圣人33、民33，圣人、民出现的次数相同。三者的关系将在后文《圣人论》中探讨。

马3，是最常见的动物，说明作者所处圈层（阶级属性）或本经主旨所涉圈层（读者对象）。

谷12、渊3、木3、江2、海3，说明老子了解和重视生态。

在所有自然地理环境中，为什么强调谷？可能说明老子的生活环境。据说老子幼时放牛，或常有机会临渊览谷。在诸子百家争鸣的时代，以谷阐道或是其哲学上的主要创新；对民生的重视、希言无为的管理方略是其社会（邦国）治理理论的主要特点。

老子描述自然现象、论述自然之理时，注重大开大合，不拘泥于细节、数字、比例等，而是引申出与社会规律的共性，提出社会治理理论，用以指导实践。

七、老子之古

（一）含"古"章句

执古之道，以御今之有。能知古始，是谓道纪（14）

古之善为道者，微妙玄达，深不可识。夫唯不可识，故强为之容（15）

道之为物……自今及古，其名不去，以阅众甫。吾何以知众甫之状哉？以此（21）

古之所谓曲全者，几语哉！诚全而归之（22）

古之所以贵此道者何？不曰：求以得，有罪以免邪？故为天下贵（62）

古之善为道者，非以明民，将以愚之（65）

是谓不争之德，是谓用人之力，是谓配天古之极（68）

提古必有道，以古阐道。

（二）引述的古语

古之所谓曲全者，几语哉（22）

盖闻善摄生者，陆行不遇兕虎，入军不被甲兵。兕无所投其角，虎无所措其爪，兵无所容其刃（50）

故圣人云：我无为，而民自化。我好静，而民自正。我无事，而民自富。我无欲，而民自朴（57）

古之所以贵此道者何？不曰：求以得，有罪以免邪（62）

用兵有言：吾不敢为主，而为客。不敢进寸，而退尺（69）

是以圣人云：受国之垢，是谓社稷主；受国不祥，是为天下王。正言若反（78）

（三）总结

老子善于依照古文加以演发。例如第二十二章，从古语"曲全"开始例举类似的现象：曲则全，枉则直，洼则盈，敝则新，少则得，多则惑。最后回溯古文，指明其为"几语"，以实例证明其效验。联想到中国古典小说四大名著也都是在前人故事蓝本的基础上加以创作发挥，经不同时期的作者接力打磨润色，方成一代经典。

《道德经》的底本是老子的读书笔记，他摘录了当时社会流传、典籍记载的智慧，并在此基础上加以演发，以"道"之名形成自己的哲学思考。

八、总论

（一）老子的研究方法（论证方式、语言风格）

1. 以自然规律阐道

飘风不终朝，骤雨不终日。孰为此者？天地。天地尚不能久，而况于人乎？……（23）

从气象规律论及人类社会。

2. 以人类社会规律阐道

太上，不知有之。其次，亲之誉之。其次，畏之。其次，侮之（17）

大军之后，必有凶年。善者果而已，不敢以取强……（30）

君子居则贵左，用兵则贵右……吉事尚左，凶事尚右。偏将军居左，上将军居右，言以丧礼处之（31）

盖闻善摄生者，陆行不遇兕虎，入军不被甲兵（50）

包括历史规律，社会习俗、礼仪、秩序等。例如第三十一章，老子善于从当时约定俗成的社会现象出发，夹叙夹议，以阐述自己的观点，即道的思想内涵和社会应用。

3. 将自然和人类社会的现象进行对比论证

天地不仁——圣人不仁（5）

飘风、骤雨——希言自然（23）

余食赘行。物或恶之，故有道者不处（24）

以道佐人主者，不以兵强天下……物壮则老，是谓不道，不道早已（30）

譬道之在天下，犹川谷之于江海（32）

江海所以能为百谷王者，以其善下之，故能为百谷王。是以圣人欲上民，必以言下之……（66）

兵强则灭，木强则折（76）

天之道，利而不害。圣人之道，为而不争（81）

天地的运行方式——圣人的价值观。天之道——圣人之道。风雨——政令。余食——赘行。物恶——有道者不处。物壮——兵强。木强——兵强。江海为百谷王——圣人欲上民。

老子认为兵强是有为的极端形式，尤加劝诫、批评。

4. 以人类社会现象推导出社会管理的一般规律

和大怨，必有余怨，安可以为善？是以圣人执左契，而不责于人（79）

信言不美，美言不信。知者不博，博者不知。善者不多，多者不善。圣人不积，既以为人，己愈有；既以与人，己愈多（81）

5. 以具体事物比拟说明自然广泛而抽象的规律

天地之间，其犹橐籥乎？虚而不屈，动而愈出（5）

6. 小结

老子的论证方式，总的来说：从自然到社会、从古到今、从抽象理论到具体实践。

《道德经》仅从极少量的自然、社会现象而引申至精辟、深远的哲理，犹如远古先民千万年观察天道运行，积累成简便易行的历法——盖因厚积薄发。说明：（1）老子集先前文献之大成，传承与创新相结合；（2）《道德经》很多引述在当时为常识，如曲全等，无需赘述。

表达方式（语言风格）：（1）前后句有递进，不是简单的对仗，例如，第三十四章"生而不辞，功成而不有，衣养万物而不为主"；（2）上下章之间有联系，例如词汇会紧接着再次出现；（3）每章第一句一般为总括，先说结论，后举例子或阐释，章内也往往出现这样的总分结构。

（二）老子论道

通过谷得一以盈；洼则盈，敝则新；飘风不终朝，骤雨不终日等自然规律，金玉满堂，莫之能守；朝甚除，田甚芜；人多利器，国家滋昏……法令滋彰，盗贼多有；民之饥，以其上食税之多；夫乐杀人者，则不可以得志于天下矣等社会历史规律，老子提出无为而治的主张、无为而无不为的规律，开始在个体的身体和心灵、个体的社会实践、社会组织管理、邦国天下、万物的运行发展规律等层面进行论证。

这种规律的显现是循序渐进的过程。从个人自身（致虚极，守静笃；载营魄抱一）到其与周围环境的交互（不出户，知天下……不行而知，不见而明，不为而成；挫其锐，解其纷，和气光，同其尘），从周围小环境到大环境。而在天地产生之前，万物孕育之时，规律就在发挥作用。

规律在天下万物中的作用是立体的、循环往复的。天、地、神、谷、万物、侯王等都尊道而贵德，形成人法地、地法天、天法道、道法自然的全方位道行系统。

老子把客观世界（物）、人民群众都看作规律发生作用的主体，即根本动力所在（道）。圣人、管理者只有顺应民生的规律，才能与物偕同、与民谐和（处上而民不重，处前而民不害），既不食税之多，也不生生之厚，而应希言自然。全书未对民、物、水、自然提任何要求，而是将所有的责任归于管理者。管理者明确规律、承担责任、控制欲望，即人法地、地法天、天法道、道法自然，才能让社会和自然和谐发展，安平太。

老子的辩证法建立在对规律，即矛盾双方主次关系的深刻理解上，认为自然、民众是决定人类存亡、历史发展的本原动力，是主要矛盾。而侯王、圣人等管理者只有顺应潮流、趋势和规律，才能获得自身的生存和顾全社会系统、自然大系统的整体利益。

从如此少量的自然、社会现象而能阐发如此深刻的道，说明老子之前的文化积累、文明沉淀已经达到相当高的程度。老子引述的古语（如曲全等）、社会制度（如偏将军居左等）说明《道德经》的很多哲理为当时社会的应然、常识。如果把道理解为规律，把道学理解为对自然和社会规律的探求、总结与认识，那么在老子之前早已有道学。而之所以能成为诸子一家，老子的独到之处在于重视辩证的论证和对群众史观的强调与坚持。正如马克思之前已有唯物论与辩证法，老子也是将前人的论证说理术与群众史观相结合，加以丰富和升华，他对道的深刻阐发，即对自然和人类社会规律的充分揭示，不仅承上启下，奠定道家的学说基础，也为汉唐及后世黄老之学的实践留存了宝贵的理论和经验财富。

老子道家的核心在于其社会治理方略，主要内容是以民生为主体（道），希言无为的治理方针。老子道家在修身、与自然相处等方面的原则也类似：因势而少施为，混同和谐向生。这一核心是汉唐及各朝初期践行黄老之学、与民休息方针，能获得社会经济稳定复兴的理论基础与实践经验。我们今天学道学，尤其是老子道学，不应忘记其核心归旨，也即其成"家"的原因。孟子的民为贵，社稷次之，君为轻恰说明其儒道兼通，抓住了民生这一道家核心主旨。

老子对道学的疏浚与阐发，夯实了道家辉煌灿烂的文化根基与地位，也为中华文明的长足发展与自信建立发挥了深刻又广远的历史贡献。——惚兮其若海，恍兮其若无止。

（三）老子的哲学

老子的哲学可以分为三部分：唯物论（世界观）、辩证法、群众观。

1. 唯物论

《道德经》的唯物性一方面体现在全书无怪力乱神：老子不把道寄托于超自然力量，其基石和归旨是道法自然。另一方面，如本节分类整理的老子之博物，涵盖水、木、土、金、火、气等元素的物性和运动发展规律，构成老子唯物论的基础。

2. 辩证法

老子的辩证法主要体现在矛盾双方的对立统一与转化，是多层次、多维、立体的。例如，句内的有无、先后、美恶等；章内的前后句对比；全书的自然与社会，古与今，抽象与实际的对比。试举几例。

有无相生；后其身而身先，外其身而身存。非以其无私邪？故能成其私。无私后的成私是更高级别的私；向更高层次（阶段）、有益于对立统一体和周围环境的方向转化。相生后的有无也是如此。

多视美色令人目盲；天下皆知美之为美，斯恶已；美之与恶，相去若何。分别说明：事物的程度从量变到质变、矛盾双方的相互转化、矛盾双方的相似性。

详见后文《老子的辩证法》。

3. 群众观

圣人与民众是对立统一体、利益共同体。圣人合道、守道可以为民众谋利，从而获得民众支持（处上、处前、成其私）——侯王得一以为天下正。

道德论

"道""德"在《道德经》中分别出现76、45次，考察它们出现的位置、词性、和什么词搭配。

一、道

词义辨析

（一）道+形容词

常道，道冲，渊，湛，久，大，无名，朴，小，天下莫能臣，氾，明，进，夷，甚夷，若昧，若退，若纇，似万物之宗，似或存，似不肖。

（二）道+动词

可道，挫锐，解纷，和光，同尘，为物，出口，乐得，不辞，不有，衣养万物而不为主，无欲，名于小，名于大，不自为大，能成其大，无为而无不为，动，用，隐无名，善贷且成，生一，生，长，育，亭，毒，养，覆，为而不恃，长而不宰，损有余而补不足，法自然，利而不害，为而不争，无亲，常与善人。

否定：损不足以奉有余，大道废。

（三）动词+道

道可执，见，闻，法，从，保，有，守，为，行，大笑，建，抱，修，坐进，贵，尊，恃以生，以佐人主，以莅天下，求以得，有罪以免（5处以道）。

否定：不道，失道，非道，无道。

5处以道按照效用从普遍到具体排序：（万物）恃以生，以莅天下，以佐人主，求以得，有罪以免。

（四）道+名词

道纪，道之华，道之尊。

（五）名词+道

天道，天乃道，深根固柢，长生久视之道，天之道，人之道，圣人之道。

天之道、人之道、圣人之道：
功成身退，天之道也（9）
天之道，不争而善胜，不言而善应，不召而自来，繟然而善谋。天网恢恢，疏而不失（73）
天之道，其犹张弓欤？高者抑之，下者举之。有余者损之，不足者补之。天之道，损有余而补不足。人之道则不然，损不足以奉有余。孰能有余以奉天下？唯有道者。是以圣人为而不恃，功成而不居，其不欲见贤（77）

是以圣人执左契，而不责于人。有德司契，无德司彻。天道无亲，常与善人（79）

天之道，利而不害。圣人之道，为而不争（81）

（六）介词+道

几于道，同于道，其在道也，行于大道。

自然界物（水）是"几于"，人是"同于"，说明老子道的主体是人民群众，主旨是社会规则，自然界事物是论道的参证、辅助。

（七）道+介词

道之在天下，犹川谷之于江海

二、道者

（一）章句

古之善为道者，微妙玄达……保此道者不欲盈，夫唯不盈，故能敝而新成（15）——第十五章是对善为道者的详细

171

描述。

故从事而道者同于道……同于道者，道亦乐得之（23）

企者不立，跨者不行。自见者不明，自是者不彰。自伐者无功，自矜者不长。其在道也，曰余食赘行。物或恶之，故有道者不处（24）

以道佐人主者，不以兵强天下……物壮则老，是谓不道，不道早已（30）

夫兵者不祥之器，物或恶之，故有道者不处（31）

上士闻道，勤而行之（41）

天下有道，却走马以粪（46）

使我介然有知，行于大道，惟施是畏（53）

善建者不拔，善抱者不脱，子孙以祭祀不辍。修之于身……修之于家……修之于乡……修之于国……修之于天下（54）——修道的五个层次，德[内在价值观（道）的外显]也相应有五层递进变化。

治大国，若烹小鲜。以道莅天下，其鬼不神。非其鬼不神，其神不伤人。非其神不伤人，圣人不伤人。夫两不相伤，故德交归焉（60）

古之善为道者，非以明民，将以愚之（65）

孰能有余以奉天下？唯有道者（77）

（二）总结

对有道者的行为，老子进行正反说明。

行（规范行为）：不欲盈，勤而行之，却走马以粪，惟施是畏，善建者不拔，善抱者不脱，子孙以祭祀不辍，修之于身……修之于家……修之于乡……修之于国……修之于天下，将以愚之，有余以奉天下。

不处（禁止行为）：以兵强天下，兵者不祥之器，企，跨，自见，自是，自伐，自矜，余食赘行，明民，损不足以奉有余。

三、德

词义辨析

（一）德+形容词

上德，下德，广德，建德，质德，玄德，孔德，常德；若谷，若不足，若偷，若渝，深，远，善，信，厚，足，真，余，长，丰，普。

（二）德+动词

德畜之，交归，与物反，至大顺，无为而无以为，无为而有以为，从道，乐得，不离，复归于婴儿，不忒，复归于无极，复归于朴。

（三）动词+德

贵德，含德，积德，有德，不失德，以报怨。
否定：不德，失德，无德。

（四）德+名词

德之贵，德之容。

（五）名词+德

是谓不争之德。

（六）介词+德

同于德。

四、德者

（一）章句

德者同于德……同于德者，德亦乐得之（23）
上德不德，是以有德。下德不失德，是以无德。上德无
为而无以为，下德无为而有以为……故失道而后德，失德而
后仁（38）
善建者不拔，善抱者不脱，子孙以祭祀不辍。修之于
身，其德乃真。修之于家，其德乃余。修之于乡，其德乃

长。修之于国，其德乃丰。修之于天下，其德乃普。故以身观身，以家观家，以乡观乡，以国观国，以天下观天下。吾何以知天下之然哉？以此（54）——德是通过修行可以增长的，可以相互参证，以人（国、史）为鉴。

含德之厚，比于赤子。毒虫不螫，猛兽不据，攫鸟不搏。骨弱筋柔而握固，未知牝牡之合而朘作，精之至也。终日号而不嗄，和之至也。和曰常，知常曰明。益生曰祥，心使气曰强。物壮则老，谓之不道，不道早已（55）——不德是不道的结果。

治人事天，莫若啬。夫唯啬，是谓早服。早服谓之重积德，重积德则无不克，无不克则莫知其极。莫知其极，可以有国。有国之母，可以长久。是谓深根固柢，长生久视之道（59）——德是需要积累的。有德是有道的结果。

治大国，若烹小鲜。以道莅天下，其鬼不神。非其鬼不神，其神不伤人。非其神不伤人，圣人不伤人。夫两不相伤，故德交归焉（60）——道同德亦同（交归）。

是以圣人执左契，而不责于人。有德司契，无德司彻（79）

（二）总结

德字篇幅明显少于道字篇幅。德指涉具体事物，如有德司契是对有德者的直接描述；而道更抽象，用于指导实践，跟实践之间需要人/万物的参与，如上士闻道，勤而行之。

第五十四、五十五、五十九、六十章分别说明：德是从属性的，修道带来德的增长，先有道后有德，不同的道导致不同的德，德是道的外显，德的积累造成名（表象）的不同。比于赤子、可以有国，抑或物壮则老、不道早已。

五、总论

（一）道行系统

上文梳理天之道、人之道、圣人之道的章节，发现圣人之道出现时，必有天道相呼应、参证。

第九、七十九章：先说人类社会的行为、圣人之道，后以天道作结。说明天道是总括，涵摄一切道——一切规律。

如上章节，往往提到一般人的非道。如金玉满堂，莫之能守；勇于敢则杀；人之道则不然，损不足以奉有余；无德司彻等；引出天道的不同，而圣人作为有道者，行为选择合天道。

因此，得出：天道=人所在世界的道。天道是涵摄人所在世界运行的总规律。圣人=有道者=选择合乎天道的人。圣人基于对己、对民众有利，选择合乎天道的行为。圣人的选择若出现偏差，则降为官长、一般人。

根据人法地、地法天、天法道、道法自然，人所在世界（天）之外依然有更大的道，这道顺乎自然。地：人所触之世界。天：人所在之世界。道：包含天道的更大范围的道。

另外，道还包含时间维度，只在当下时空理解道，不一定了解道的持续作用。所以有：能知古始，是谓道纪。

（二）道—德—名

第一章中，名紧接道，名是道的表现。

第二十一章：孔德之容，惟道是从。道之为物，惟恍惟惚。由此推出：德=道之为物=道之行。

德只分上下，却没有天、地、人、圣人之德。说明德是从属性的，道是生发性的。道性—德行。常=道性。

用其光，复归其明。明（内在具足）：道。光（表现的理路）：德。照的结果：名。

风：道。吹的方向、路径：德。吹的结果：名。

（三）道德社会

道德经，不叫道名经，一方面德与人类社会的作为相呼应、反映，另一方面凸显学术性。诸子百家称子、称家，需要有学术创新。老子的创新在于阐道德、明辩证法、论民众的主体地位、类比自然与社会的规律。孔子的创新在于将君主的道德延展至庶人：人人在礼制下皆明自己的位分，而立、不惑、知天命、不逾矩，以维持社会、邦国、天下稳定运行。孟子述及民为贵，也继承儒家的君主修身、施政规范。

老子观察到：基层民众的幸福程度决定上层管理者的幸福程度——重为轻根。明了这个道，不断实践、修行，才会形成有益民生、有益社会的德，这种德积累了之后才可以有国，可以长久。

文化的两个层面：实践、认知。实践指古圣先君带领民众进行的社会、生活实践。认知层面（派生、从属层面）：对这些实践的记述、描摹，以及在此基础上的研究、阐发和总结。两个层面的关系是：重为轻根，静为躁君。——实践是认知的基础，认知引导实践。

每个层面由两部分组成。实践：民众的智慧积累；古圣先君的领导与总结（水利、医、药、军事实践等）。前者是后者的基础，后者是前者的集中体现。认知：记述、描摹；研究、阐发、总结。前者是后者的基础，后者是前者的升华。

老子是中华文化的集大成者。老子基于其博物（包含自身的观察思考、前人的实践经验和智慧总结），给出自己对道德社会的认知：描摹了道的运行方式及随之产生的德行，记述有道者、无道者，有德者、无德者的名（状），提出了道德社会的设想及对管理者的约束、规劝，成老子道家之言，夯黄老之学根基，为后世休养生息等惠民利国政策提供了理论基础和实践指导。

圣人论

　　圣人是老子道和德的载体，通过介绍、描摹圣人的起居、思想和行为来展现、阐发道德。在介绍老子的圣人论之前，先总结《道德经》中的人。

一、人论：《道德经》中的人

　　人、民、众人、百姓；天子、侯王、王公、官长、士；圣人、吾、我、大丈夫、君子、善人、有道者、善为道者、保此道者；智者、不善人、为奇者、盗夸。

　　字词频次统计：人89，其中圣人33，众人5；民33；百姓4；士4；君子2。

　　4处百姓，分别与圣人3、太上相对应。

　　试析：

　　人的阶级性较弱，如圣人、众人、善人、不善人，指一般意义的人、众人。

　　民指被统治者，讲述圣人、侯王的管理时多用民。

　　士是民中被选用的初级管理者。

　　百姓可能指百邦（部落）、百族。以百姓为刍狗，或指不干预部落邦国发展：小国寡民，使有什伯之器而不用，虽有甲兵，无所陈之。

人是顶天立地，接近于士。民从属于邦国、领主、部落长。百姓、人、民三者的区隔在后世逐渐淡化。

智者≈为奇者——都使之不敢，避免（大道甚夷，而）民好径。

二、圣人章句

"圣人"一词一共出现33次，分布于以下章节。

是以圣人处无为之事，行不言之教。万物作而弗始，生而弗有，为而弗恃，功成而弗居。夫唯弗居，是以不去（2）

是以圣人之治，虚其心，实其腹，弱其志，强其骨，常使民无知无欲，使夫智者不敢为也。为无为，则无不治（3）

圣人不仁，以百姓为刍狗。天地之间，其犹橐龠乎？虚而不屈，动而愈出。多言数穷，不若守中（5）

圣人后其身而身先，外其身而身存。非以其无私邪？故能成其私（7）

圣人之治，为腹不为目（12）

圣人抱一为天下式。不自见故明，不自是故彰，不自伐故有功，不自矜故长。夫唯不争，故天下莫能与之争（22）

圣人终日行不离辎重。虽有荣观，燕处超然（26）

圣人常善救人，故无弃人；常善救物，故无弃物（27）

圣人用之，则为官长。故大制不割（28）

圣人无为，故无败；无执，故无失……圣人去甚，去奢，去泰（29）

圣人不行而知，不见而明，不为而成（47）

圣人无常心，以百姓之心为心。善者，吾善之。不善者，吾亦善之。德善。信者，吾信之。不信者，吾亦信之。德信。圣人在天下，歙歙焉为天下浑其心，百姓皆注其耳目，圣人皆孩之（49）

圣人云：我无为，而民自化。我好静，而民自正。我无事，而民自富。我无欲，而民自朴（57）

圣人方而不割，廉而不刿，直而不肆，光而不耀（58）

圣人不伤人。夫两不相伤，故德交归焉（60）

圣人终不为大，故能成其大……圣人犹难之，故终无难矣（63）

圣人无为故无败，无执故无失……是以圣人欲不欲，不贵难得之货；学不学，复众人之所过。以辅万物之自然，而不敢为（64）

圣人欲上民，必以言下之；欲先民，必以身后之。是以圣人处上而民不重，处前而民不害。是以天下乐推而不厌。以其不争，故天下莫能与之争（66）

圣人被褐而怀玉（70）

圣人不病，以其病病（71）

圣人自知不自见，自爱不自贵（72）

圣人犹难之（73）

圣人为而不恃，功成而不居，其不欲见贤（77）

圣人执左契，而不责于人（79）

圣人不积，既以为人，己愈有；既以与人，己愈多……

圣人之道，为而不争（81）

搭配的动词：处无为之事　行不言之教　弗居　治　为无为　不仁　守中　后身　外身　无私　成私　为腹不为目　抱一　不争　莫能与争　终日行不离辎重　燕处超然　救人　救物　用之则为官长　不割　无为无执　去甚去奢去泰　不行　不见　不为　无常心　善之信之　为天下浑其心　孩之　无为　好静　无事　无欲　方而不割　廉而不刿　直而不肆　光而不耀　不伤人　不相伤　德交归　终不为大　成其大　犹难之　终无难　无为无执　欲不欲　不贵难得之货　学不学　复众人之所过　以辅万物之自然　而不敢为　欲上民　以言下之　欲先民　以身后之　处上处前　不争　莫能与之争　被褐怀玉　不病　病病　自知　不自见　自爱　不自贵　为而不恃　功成而不居　不欲见贤　执左契　不责于人　不积　既以为人　己愈有　既以与人　己愈多　为而不争

三、圣人论

以上章句介绍了圣人的起居、思想、行为，重视实践。以下章句阐释圣人与善为道者、有道者、天下王的关系。

（一）王、主、天子、官长

1. 王

公乃王，王乃天（16）

道常无名，朴。虽小，天下莫能臣。侯王若能守之，万物将自宾（32）

道常无为而无不为。侯王若能守之，万物将自化。化而欲作，吾将镇之以无名之朴（37）

侯王得一以为天下正。其致之，谓……侯王无以正将恐蹶。故贵以贱为本，高以下为基。是以侯王自称孤、寡、不谷。此非以贱为本邪？非乎？（39）

人之所恶，唯孤、寡、不谷，而王公以为称（42）

江海所以能为百谷王者，以其善下之，故能为百谷王。是以圣人欲上民，必以言下之；欲先民，必以身后之。是以圣人处上而民不重，处前而民不害。是以天下乐推而不厌。以其不争，故天下莫能与之争（66）——圣人与天下、民相对。

是以圣人云：受国之垢，是谓社稷主；受国不祥，是为天下王。正言若反（78）

小结：

侯王≠王。侯王、王公是社会职务，王是自然形成的，如天下王。

第三十七、三十九、七十八章：侯王比圣人（吾）低。侯王、王公是具体管理民众的职位，接受圣人的指导。

2. 主

是以圣人终日行不离辎重。虽有荣观，燕处超然。奈何万乘之主，而以身轻天下？轻则失根，躁则失君（26）

以道佐人主者，不以兵强天下（30）

大道泛兮……衣养万物而不为主……万物归焉而不为主（34）

用兵有言：吾不敢为主，而为客（69）

是以圣人云：受国之垢，是谓社稷主；受国不祥，是为天下王。正言若反（78）

小结：

第七十八章：主小于王——一国之社稷小于天下。

第二十六章：圣人与万乘之主（诸侯、领主等）对比，用后者的非道反衬前者遵循重为轻根、静为躁君。

3. 天子、官长

故立天子，置三公（62）

圣人用之，则为官长。故大制不割（28）

（二）有道、为道、君子、大丈夫

1. 有道

企者不立，跨者不……其在道也，曰余食赘行。物或恶之，故有道者不处（24）

夫兵者不祥之器，物或恶之，故有道者不处。君子居则贵左，用兵则贵右。兵者不祥之器，非君子之器，不得已而用之（31）——君子≈有道者。

天下有道，却走马以粪。天下无道，戎马生于郊（46）

天之道，损有余而补不足。人之道则不然，损不足以奉有余。孰能有余以奉天下？唯有道者。是以圣人为而不恃，功成而不居，其不欲见贤（77）

有道的主体可以是天下，也可以是人。

2. 为道

古之善为道者，微妙玄达，深不可识……保此道者不欲盈，夫唯不盈，故能蔽而新成（15）

下士闻道，大笑之。不笑不足以为道（41）

为学日益，为道日损。损之又损，以至于无为。无为而无不为，取天下常以无事。及其有事，不足以取天下（48）——坚持为道，至于无为，无为才可能取天下，即为道—无为—无不为—取天下，是循序渐进、积累的过程。

古之善为道者，非以明民，将以愚之（65）

3. 君子、大丈夫

夫兵者不祥之器，物或恶之，故有道者不处。君子居则贵左，用兵则贵右。兵者不祥之器，非君子之器，不得已而用之（31）——君子≈有道者。

夫礼者，忠信之薄，而乱之首。前识者，道之华，而愚之始。是以大丈夫处其厚，不居其薄；处其实，不居其华；故去彼取此（38）

大丈夫≈君子≈有道者，大丈夫、君子不一定如王、主、天子、官长一样有职级，即德不厚，不足以有国。

4. 小结

为道有不同的境界：有下士闻道，受触动后开始为道；有善为道；有坚持为道——保此道。即为道—善为道—保道，逐渐成长为有道者、圣人。

为道是一种选择，具有变动性，有道是一种状态描述。

圣人、君子、大丈夫均可以归为有道的一类。圣人是为道发展的最高阶段、有道者的理想状态，和现实之间的差别需要吾（我）来调节。

（三）吾、我

1. 吾

道冲……似或存。吾不知，谁之子，象帝之先（4）

何谓贵大患若身？吾所以有大患者，为吾有身。及吾无身，吾有何患？故贵以身为天下，若可寄天下。爱以身为天下，若可托天下（13）——吾是体验者、思考者。

致虚极，守静笃。万物并作，吾以观复（16）——吾是观察者、思考者。

孔德之容，惟道是从。道之为物……以阅众甫。吾何以知众甫之状哉？以此（21）——吾是观察者、思考者。

吾不知其名，强字之曰道，强为之名曰大（25）

将欲取天下而为之，吾见其弗得已……是以圣人无为……是以圣人去甚，去奢，去泰（29）——吾是观察者、思考者。

道常无为而无不为。侯王若能守之，万物将自化。化而欲作，吾将镇之以无名之朴。镇之以无名之朴，夫将不欲。不欲以静，天下将自正（37）——吾代表一种理想状态的实现：联结道与天地的正状态。

道生一……万物负阴而抱阳，冲气以为和。人之所恶，唯孤、寡、不谷，而王公以为称。故物或损之而益，或益之而损。人之所教，我亦教之。强梁者不得其死，吾将以为教父（42）——吾是观察者、思考者、学习者、总结者、教导者。我、吾区别于王公、一般人（大众）。

天下之至柔，驰骋天下之至坚，无有入无间。吾是以知无为之有益。不言之教，无为之益，天下希及之（43）——吾是观察者、思考者、学习者、实践者（天下希及）。

圣人无常心，以百姓之心为心。善者，吾善之。不善者，吾亦善之。德善。信者，吾信之。不信者，吾亦信之。德信。圣人在天下，歙歙焉为天下浑其心，百姓皆注其耳目，圣人皆孩之（49）

修之于身，其德乃真……故以身观身，以家观家，以乡观乡，以国观国，以天下观天下。吾何以知天下之然哉？以此（54）

以正治国，以奇用兵，以无事取天下。吾何以知其然哉？以此。天下多忌讳，而民弥贫。人多利器，国家滋昏。人多伎巧，奇物滋起。法令滋彰，盗贼多有。故圣人云：我无为，而民自化。我好静，而民自正。我无事，而民自富。我无欲，而民自朴（57）

用兵有言：吾不敢为主，而为客……祸莫大于轻敌，轻敌则几丧吾宝。故抗兵相若，哀者胜矣（69）

吾言甚易知，甚易行。天下莫能知，莫能行。言有宗，事有君。夫唯无知，是以不我知。知我者稀，则我者贵。是以圣人被褐而怀玉（70）

民不畏死，奈何以死惧之？若民常畏死，而为奇者，吾得执而杀之，孰敢？常有司杀者杀，夫代司杀者杀，是谓代

大匠斫。夫代大匠斫者，稀有不伤其手矣（74）

2. 我

功成事遂，百姓皆谓我自然（17）

人之所畏，不可不畏。恍兮，其未央哉！众人……我泊焉未兆……众人皆有余，我独遗。我愚人之心也，沌沌兮。俗人昭昭，我独昏昏。俗人察察，我独闷闷。惚兮其若海，恍兮其若无止。众人皆有以，我独顽且鄙。我独异于人，而贵食母（20）

人之所教，我亦教之。强梁者不得其死，吾将以为教父（42）

使我介然有知，行于大道，惟施是畏。大道甚夷，而民好径……是为盗夸。非道也哉！（53）

以正治国，以奇用兵，以无事取天下。吾何以知其然哉？以此。天下多忌讳，而民弥贫。人多利器，国家滋昏。人多伎巧，奇物滋起。法令滋彰，盗贼多有。故圣人云：我无为，而民自化。我好静，而民自正。我无事，而民自富。我无欲，而民自朴（57）

天下皆谓我道大，似不肖。夫唯大，故似不肖。若肖，久矣其细也夫！我常有三宝，持而保之。一曰慈，二曰俭，三曰不敢为天下先。慈故能勇；俭故能广；不敢为天下先，故能成器长。今舍慈且勇，舍俭且广，舍后且先，死矣！夫慈以战则胜，以守则固。天将救之，以慈卫之（67）

吾言甚易知，甚易行。天下莫能知，莫能行。言有宗，事有君。夫唯无知，是以不我知。知我者稀，则我者贵。是以圣人被褐而怀玉（70）——我~圣人。

3. 小结

作者自称，表示一种观察、总结，多用"吾"。圣人、百姓第一人称陈述时，多用"我"。

吾（我）是代道而言，体现本经意旨。

四、总结

圣人是人为道发展的一个阶段。

群众（人、民）是道的主体，圣人认识群众的决定作用。因此，圣人、吾（我）具有调节社会理想状态（在道）与现实差距的作用。

圣人与天子、天下王、侯王、官长等是指导、协作的关系，发挥规诫、劝勉的作用。例如，"奈何万乘之主……以道佐人主者……圣人云：受国之垢，是谓社稷主；受国不祥，是为天下王"。

如果把《道德经》理解为老子的读书笔记与感悟思考，那么圣人的原型画像似抽象于老子之前的古圣先君，例如尧、舜、周文王这样以无为、静、处下，天下自然归附的天下王：

舜漆食器，畔者十国。不及唐尧，采椽不斫。（《度关山》）

舜耕历山，历山之人皆让畔；渔雷泽，雷泽上人皆让居；陶河滨，河滨器皆不苦窳。一年而所居成聚，二年成邑，三年成都。尧乃赐舜缔衣，与琴，为筑仓廪，予牛羊。（《史记·五帝本纪》）

西伯积善累德，诸侯皆向之……（《史记·周本纪》）

西伯阴行善，诸侯皆来决平。于是虞、芮之人有狱不能决，乃如周。入界，耕者皆让畔，民俗皆让长。虞、芮之人未见西伯，皆惭，相谓曰："吾所争，周人所耻，何往为，只取辱耳。"遂还，俱让而去。诸侯闻之，曰："西伯盖受命之君。"（《史记·周本纪》）

老子的辩证法

一、联系

（一）普遍联系

孔德之容，惟道是从（21）

善人者，不善人之师。不善人者，善人之资（27）

师之所处，荆棘生焉（30）

侯王若能守之，万物将自宾。天地相合，以降甘露……知止所以不殆（32）

（二）因果联系

信不足焉，有不信焉（17）

大道废，有仁义。智慧出，有大伪。六亲不和，有孝慈。国家昏乱，有忠臣（18）

曲则全，枉则直，洼则盈，敝则新，少则得，多则惑（22）

为天下谷，常德乃足，复归于朴（28）

其事好还。师之所处，荆棘生焉。大军之后，必有凶年（30）

夫乐杀人者，则不可以得志于天下矣（31）

上礼为之而莫之应，则攘臂而扔之。故失道而后德，失德而后仁，失仁而后义，失义而后礼（38）

天得一以清，地得一以宁，神得一以灵，谷得一以盈，万物得一以生，侯王得一以为天下正（39）

（三）整体和部分的关系

载营魄抱一，能无离乎（10）

三十辐共一毂，当其无，有车之用（11）

吾所以有大患者，为吾有身。及吾无身，吾有何患（13）

人法地，地法天，天法道，道法自然（25）

朴散为器，圣人用之，则为官长。故大制不割（28）

大道氾兮，其可左右。万物恃之以生而不辞，功成而不有，衣养万物而不为主……万物归焉而不为主（34）

鱼不可脱于渊（36）

天下无道，戎马生于郊（46）

圣人在天下，歙歙焉为天下浑其心，百姓皆注其耳目，圣人皆孩之（49）

二、发展观，运动的绝对性

万物并作（16）

夫唯道，善贷且成（41）

道生一，一生二，二生三，三生万物（42）

罪莫大于可欲，祸莫大于不知足，咎莫大于欲得（46）

为学日益，为道日损（48）

道生之，德畜之，物形之，势成之（51）

修之于身，其德乃真。修之于家，其德乃余。修之于乡，其德乃长。修之于国，其德乃丰。修之于天下，其德乃普（54）

夫唯啬，是谓早服。早服谓之重积德，重积德则无不克，无不克则莫知其极。莫知其极，可以有国。有国之母，可以长久。是谓深根固柢，长生久视之道（59）

天下难事，必作于易。天下大事，必作于细（63）

其安易持，其未兆易谋。其脆易泮，其微易散。为之于未有，治之于未乱。合抱之木，生于毫末。九层之台，起于累土。千里之行，始于足下（64）

三、对立统一（矛盾）

圣人—民　善人—不善人

在圣人与民众的矛盾关系中，民众是矛盾的主要方面。
川谷之于江海（32）——矛盾的客观性。

有之以为利，无之以为用（11）

重为轻根，静为躁君（26）

大丈夫处其厚，不居其薄；处其实，不居其华；故去彼取此（38）

贵以贱为本，高以下为基（39）

反者道之动，弱者道之用。天下万物生于有，有生于无（40）

明道若昧，进道若退，夷道若纇，上德若谷，广德若不足，建德若偷，质德若渝，大白若辱，大方无隅，大器晚成，大音希声，大象无形，道隐无名（41）

万物负阴而抱阳，冲气以为和（42）

天下之至柔，驰骋天下之至坚，无有入无间。吾是以知无为之有益。不言之教，无为之益，天下希及之（43）

名与身孰亲？身与货孰多？得与亡孰病（44）

大成若缺，其用不弊。大盈若冲，其用不穷。大直若屈，大巧若拙，大辩若讷，大赢若绌（45）

出生入死（50）

大道甚夷，而民好径（53）

知者不言，言者不知（56）

以正治国，以奇用兵（57）

治大国，若烹小鲜（60）

大国不过欲兼畜人，小国不过欲入事人。夫两者各得所欲，大者宜为下（61）

善人之宝，不善人之所保（62）

吾言甚易知，甚易行。天下莫能知，莫能行（70）

疏而不失（73）

人之生也柔弱，其死也坚强。草木之生也柔弱，其死也枯槁。故坚强者死之徒，柔弱者生之徒（76）

天之道，其犹张弓欤？高者抑之，下者举之。有余者损之，不足者补之。天之道，损有余而补不足。人之道则不然，损不足以奉有余（77）——多层对立统一。

有德司契，无德司彻（79）

四、质量互变

持而盈之，不如其已。揣而锐之，不可长保。金玉满堂，莫之能守。富贵而骄，自遗其咎（9）

五色令人目盲。五音令人耳聋。五味令人口爽。驰骋畋猎，令人心发狂。难得之货，令人行妨（12）

企者不立，跨者不行。自见者不明，自是者不彰。自伐者无功，自矜者不长。其在道也，曰余食赘行。物或恶之（24）

夫礼者，忠信之薄，而乱之首。前识者，道之华，而愚之始（38）

至誉无誉，是故不欲琭琭如玉，珞珞如石（39）

强梁者不得其死（42）

损之又损，以至于无为（48）

无为而无不为，取天下常以无事。及其有事，不足以取

天下（48）

服文彩，带利剑，厌饮食，财货有余，是为盗夸（53）

物壮则老（30、55）

物壮则老，谓之不道，不道早已（55）

正复为奇，善复为妖……是以圣人方而不割，廉而不刿，直而不肆，光而不耀（58）

为者败之，执者失之（29、64）

夫唯大，故似不肖。若肖，久矣其细也夫（67）

圣人自知不自见，自爱不自贵。故去彼取此（72）

兵强则灭，木强则折。强大居下，柔弱居上（76）

五、否定之否定

天长地久。天地所以能长且久者，以其不自生，故能长生。是以圣人后其身而身先，外其身而身存。非以其无私邪？故能成其私（7）

安以动之徐生（15）

夫唯不盈，故能蔽而新成（15）

绝圣弃智，民利百倍。绝仁弃义，民复孝慈。绝巧弃利，盗贼无有（19）

不自见故明，不自是故彰，不自伐故有功，不自矜故长。夫唯不争，故天下莫能与之争（22）

善闭，无关楗而不可开。善结，无绳约而不可解（27）

知其雄，守其雌，为天下溪……复归于婴儿。知其白，守其黑，为天下式……复归于无极。知其荣，守其辱，为天下谷……复归于朴（28）

师之所处，荆棘生焉。大军之后，必有凶年（30）

始制有名，名亦既有，夫亦将知止，知止所以不殆（32）

以其终不自为大，故能成其大（34）

上德不德，是以有德。下德不失德，是以无德（38）

下士闻道，大笑之。不笑不足以为道（41）

人之所恶，唯孤、寡、不谷，而王公以为称。故物或损之而益，或益之而损（42）

甚爱必大费，多藏必厚亡。故知足不辱，知止不殆，可以长久（44）

静胜躁，寒胜热。清静为天下正（45）

天下有道，却走马以粪。天下无道，戎马生于郊（46）

知足之足，常足矣（46）

其出弥远，其知弥少（47）

损之又损，以至于无为。无为而无不为（48）

人之生，动之于死地，十有三。夫何故？以其生生之厚。盖闻善摄生者，陆行不遇兕虎，入军不被甲兵。兕无所投其角，虎无所措其爪，兵无所容其刃。夫何故？以其无死地（50）

既得其母，以知其子；既知其子，复守其母；没身不

殆。塞其兑，闭其门，终身不勤。开其兑，济其事，终身不救。见小曰明，守柔曰强。用其光，复归其明（52）

朝甚除，田甚芜，仓甚虚（53）

骨弱筋柔而握固，未知牝牡之合而朘作，精之至也（55）

不可得而亲，不可得而疏；不可得而利，不可得而害；不可得而贵，不可得而贱。故为天下贵（56）

以无事取天下（57）

天下多忌讳，而民弥贫。人多利器，国家滋昏。人多伎巧，奇物滋起。法令滋彰，盗贼多有。故圣人云：我无为，而民自化。我好静，而民自正。我无事，而民自富。我无欲，而民自朴（57）

其政闷闷，其民淳淳。其政察察，其民缺缺。祸兮，福之所倚。福兮，祸之所伏（58）

牝常以静胜牡，以静为下。故大国以下小国，则取小国。小国以下大国，则取大国（61）

为无为，事无事，味无味。大小多少，报怨以德。图难于其易，为大于其细……是以圣人终不为大，故能成其大。夫轻诺必寡信，多易必多难。是以圣人犹难之，故终无难矣（63）

古之善为道者，非以明民，将以愚之。民之难治，以其多智。故以智治国，国之贼。不以智治国，国之福……玄德深矣，远矣，与物反矣，乃至大顺（65）

江海所以能为百谷王者，以其善下之，故能为百谷王。是以圣人欲上民，必以言下之；欲先民，必以身后之。是以圣人处上而民不重，处前而民不害。是以天下乐推而不厌。以其不争，故天下莫能与之争（66）

慈故能勇；俭故能广；不敢为天下先，故能成器长。今舍慈且勇，舍俭且广，舍后且先，死矣！夫慈以战则胜，以守则固。天将救之，以慈卫之（67）

善为士者，不武。善战者，不怒。善胜敌者，不与。善用人者，为之下。是谓不争之德，是谓用人之力，是谓配天古之极（68）

吾不敢为主，而为客。不敢进寸，而退尺。是谓行无行，攘无臂，扔无敌，执无兵。祸莫大于轻敌，轻敌则几丧吾宝。故抗兵相若，哀者胜矣（69）

知我者稀，则我者贵。是以圣人被褐而怀玉（70）

知不知，尚矣。不知知，病矣。圣人不病，以其病病。夫唯病病，是以不病（71）

民不畏威，则大威至。无狎其所居，无厌其所生。夫唯无厌，是以不厌（72）

勇于敢则杀，勇于不敢则活……天之道，不争而善胜，不言而善应，不召而自来，繟然而善谋。天网恢恢，疏而不失（73）

民不畏死，奈何以死惧之……夫代司杀者杀，是谓代大

匠斫。夫代大匠斫者，稀有不伤其手矣（74）

民之饥，以其上食税之多，是以饥。民之难治，以其上之有为，是以难治。民之轻死，以其上求生之厚，是以轻死。夫唯无以生为者，是贤于贵生（75）

受国之垢，是谓社稷主；受国不祥，是为天下王。正言若反（78）

和大怨，必有余怨，安可以为善？是以圣人执左契，而不责于人（79）

小国寡民。使有什伯之器而不用，使民重死而不远徙。虽有舟舆，无所乘之。虽有甲兵，无所陈之。使民复结绳而用之（80）

信言不美，美言不信。知者不博，博者不知。善者不多，多者不善。圣人不积，既以为人，己愈有；既以与人，己愈多。天之道，利而不害。圣人之道，为而不争（81）

德经，尤其从第五十章开始，大段大段地阐述否定之否定的规律。

六、主、客观辩证法

（一）客观辩证法

有—无

（二）主观辩证法

美—恶

宠（美）辱（恶）不惊，有身才有美恶。——客观辩证法与主观辩证法的联系。

老子的生态观

老子的生态观可以从两方面理解：对自然界的规律性认识；自然界与人类社会的交互影响——开发、利用自然资源的方式和边界。

一、规律性认识

除了上篇《老子的辩证法》中总结的一般规律，老子的生态观还有一些特点需要阐发与总结。

（一）普遍联系

1. 自然界内部的普遍联系
鱼不可脱于渊（36）

生态系统的整体性：部分依赖于整体。

2. 自然界与人类社会的普遍联系
师之所处，荆棘生焉。大军之后，必有凶年（30）

（二）发展规律

1. 存在（终始）状态

道生一，一生二，二生三，三生万物。万物负阴而抱阳，冲气以为和（42）

出生入死。生之徒，十有三。死之徒，十有三。人之生，动之于死地，十有三。夫何故？以其生生之厚（50）

合抱之木，生于毫末（64）

草木之生也柔弱，其死也枯槁。故坚强者死之徒，柔弱者生之徒。是以兵强则灭，木强则折。强大居下，柔弱居上（76）

2. 运行规律

（1）循环往复

万物并作，吾以观复。夫物芸芸，各复归其根（16）

观而不干预。生态系统循环往复。

（2）希言自然，虚而不屈

天地不仁，以万物为刍狗……天地之间，其犹橐籥乎？虚而不屈，动而愈出（5）

谷神不死，是谓玄牝。玄牝之门，是谓天地根。绵绵若存，用之不勤（6）

希言自然。飘风不终朝，骤雨不终日。孰为此者？天地。天地尚不能久，而况于人乎？（23）

天之道，不争而善胜，不言而善应，不召而自来，繟然而善谋。天网恢恢，疏而不失（73）

（3）和谐、稳定、规律性

侯王若能守之，万物将自宾。天地相合，以降甘露，民莫之令而自均。始制有名，名亦既有，夫亦将知止，知止所以不殆。譬道之在天下，犹川谷之于江海（32）

3. 核心动力

人法地，地法天，天法道，道法自然（25）

上善若水。水善利万物而不争（8）

天得一以清，地得一以宁……谷得一以盈，万物得一以生（39）

生态系统的核心：天之道，利而不害。

二、交互性影响

开发、利用自然资源的方式和边界。

（一）边界

师之所处，荆棘生焉。大军之后，必有凶年（30）

政治、社会生活对生态的影响。人类社会与自然生态的整体性，普遍联系、相互影响。

（二）方式

小国寡民……邻国相望，鸡犬之声相闻（80）

与生态相协调的社会模式：人法地。

总原则：万物并作，吾以观复。圣人之道，为而不争。

老子的政治哲学

老子的政治哲学是自下而上（高以下为基）、自内而外（外其身而身存）的，不追求大，故能成其大。管理中注重民众的获得感、满足感，不空喊口号、不好大喜功，不以难得之货妨害民生之本。国内事业、国际交往都注重务实，为大于细，图难于易，善处下。

老子的政治哲学回答的几个问题：

一、政治为了谁？谁享有成果？

功成事遂，百姓皆谓我自然（17）

二、应该约束谁及怎样约束？

民之饥，以其上食税之多，是以饥。民之难治，以其上之有为，是以难治。民之轻死，以其上求生之厚，是以轻死。夫唯无以生为者，是贤于贵生（75）

注重自我约束，界定管理者和民众的利益边界。

三、应该评价谁及评价体系？

（高级）管理者的选拔标准——管理者修心、晋升的总方法论。

故贵以身为天下，若可寄天下。爱以身为天下，若可托天下（13）

知常容，容乃公，公乃王，王乃天，天乃道，道乃久，没身不殆（16）

太上，不知有之。其次，亲之誉之。其次，畏之。其次，侮之……悠兮，其贵言。功成事遂，百姓皆谓我自然（17）——群众评价机制。群众是评价的主体，享有政绩果实。

善建者不拔，善抱者不脱，子孙以祭祀不辍（54）

圣人欲上民，必以言下之；欲先民，必以身后之。是以圣人处上而民不重，处前而民不害。是以天下乐推而不厌。以其不争，故天下莫能与之争（66）

受国之垢，是谓社稷主；受国不祥，是为天下王。正言若反（78）

圣人不积，既以为人，己愈有；既以与人，己愈多。天之道，利而不害。圣人之道，为而不争（81）

管理者的评价体系：

预防性（为之于未有，治之于未乱）、节制性（圣人不积）、专业性、坚韧性（善建者不拔，善抱者不脱）、包容性（浊以静之徐清，玄同）、服务性（为之下）——预、啬、专、恒、容、服。

四、怎样收集信息？

圣人无常心，以百姓之心为心。善者，吾善之。不善者，吾亦善之。德善。信者，吾信之。不信者，吾亦信之。德信。圣人在天下，歙歙焉为天下浑其心，百姓皆注其耳目，圣人皆孩之（49）

故以身观身，以家观家，以乡观乡，以国观国，以天下观天下。吾何以知天下之然哉？以此（54）

五、设定什么样的标准？

不尚贤，使民不争。不贵难得之货，使民不为盗。不见可欲，使民心不乱。是以圣人之治，虚其心，实其腹，弱其志，强其骨，常使民无知无欲，使夫智者不敢为也。为无为，则无不治（3）

六、怎样与民众相处？

挫其锐，解其纷，和其光，同其尘（4）

圣人不仁，以百姓为刍狗……虚而不屈，动而愈出。多言数穷，不若守中（5）

天地所以能长且久者，以其不自生，故能长生。是以圣人后其身而身先，外其身而身存。非以其无私邪？故能成其私（7）

孰能浊以静之徐清？孰能安以动之徐生？保此道者不欲盈，夫唯不盈，故能蔽而新成（15）——不盈：留有空间。

知者不言，言者不知。塞其兑，闭其门，挫其锐，解其纷，和其光，同其尘，是谓玄同。故不可得而亲，不可得而疏；不可得而利，不可得而害；不可得而贵，不可得而贱。故为天下贵（56）

七、管理方略

上善若水。水善利万物而不争，处众人之所恶，故几于道。居善地，心善渊，予善天，言善信，正善治，事善能，动善时。夫唯不争，故无尤（8）

载营魄抱一，能无离乎？抟气致柔，能如婴儿乎？修除玄览，能无疵乎？爱民治国，能无为乎？天门开阖，能为雌乎？明白四达，能无知乎？生之畜之，生而不有，为而不恃，长而不宰，是谓玄德（10）

执古之道，以御今之有。能知古始，是谓道纪（14）

众人皆有以，我独顽且鄙。我独异于人，而贵食母

（20）

是以圣人抱一为天下式。不自见故明，不自是故彰，不自伐故有功，不自矜故长。夫唯不争，故天下莫能与之争。古之所谓曲全者，几语哉！诚全而归之（22）

是以圣人常善救人，故无弃人；常善救物，故无弃物。是谓袭明。故善人者，不善人之师。不善人者，善人之资。不贵其师，不爱其资，虽智大迷。是谓要妙（27）

朴散为器，圣人用之，则为官长。故大制不割（28）

将欲取天下而为之，吾见其弗得已。天下神器，不可为也，不可执也。为者败之，执者失之。是以圣人无为，故无败；无执，故无失……是以圣人去甚，去奢，去泰（29）

不失其所者久，死而不亡者寿（33）——持之以恒。

执大象，天下往。往而不害，安平太。乐与饵，过客止（35）

道常无为而无不为。侯王若能守之，万物将自化。化而欲作，吾将镇之以无名之朴。镇之以无名之朴，夫将不欲。不欲以静，天下将自正（37）

知足不辱，知止不殆，可以长久（44）

静胜躁，寒胜热。清静为天下正（45）

塞其兑，闭其门，终身不勤。开其兑，济其事，终身不救。见小曰明，守柔曰强。用其光，复归其明，无遗身殃，是谓袭常（52）

善建者不拔，善抱者不脱，子孙以祭祀不辍。修之于身，其德乃真。修之于家，其德乃余。修之于乡，其德乃长。修之于国，其德乃丰。修之于天下，其德乃普。故以身观身，以家观家，以乡观乡，以国观国，以天下观天下。吾何以知天下之然哉？以此（54）——持之以恒、推己及人、由近及远、循序渐进。深入调查典型案例。

以正治国，以奇用兵，以无事取天下。吾何以知其然哉？以此。天下多忌讳，而民弥贫。人多利器，国家滋昏。人多伎巧，奇物滋起。法令滋彰，盗贼多有。故圣人云：我无为，而民自化。我好静，而民自正。我无事，而民自富。我无欲，而民自朴（57）

其政闷闷，其民淳淳。其政察察，其民缺缺……是以圣人方而不割，廉而不刿，直而不肆，光而不耀（58）

治人事天，莫若啬。夫唯啬，是谓早服。早服谓之重积德，重积德则无不克，无不克则莫知其极。莫知其极，可以有国。有国之母，可以长久。是谓深根固柢，长生久视之道（59）

治大国，若烹小鲜。以道莅天下，其鬼不神。非其鬼不神，其神不伤人。非其神不伤人，圣人不伤人。夫两不相伤，故德交归焉（60）

美言可以市尊，美行可以加人。人之不善，何弃之有？故立天子，置三公。虽有拱璧以先驷马，不如坐进此道（62）

为之于未有，治之于未乱……为者败之，执者失之。是以圣人无为故无败，无执故无失……慎终如始，则无败事。是以圣人欲不欲，不贵难得之货；学不学，复众人之所过。以辅万物之自然，而不敢为（64）

知不知，尚矣。不知知，病矣。圣人不病，以其病病。夫唯病病，是以不病（71）

夫唯无以生为者，是贤于贵生（75）

信言不美，美言不信。知者不博，博者不知。善者不多，多者不善。圣人不积，既以为人，己愈有；既以与人，己愈多。天之道，利而不害。圣人之道，为而不争（81）

八、为政措施

重视农业等民生基本，减税，克制欲望，前瞻性（为无为），少政令（希言自然）。

圣人处无为之事，行不言之教。万物作而弗始，生而弗有，为而弗恃，功成而弗居。夫唯弗居，是以不去（2）

五色令人目盲。五音令人耳聋。五味令人口爽。驰骋畋猎，令人心发狂。难得之货，令人行妨。是以圣人之治，为腹不为目，故去彼取此（12）——关注民生基本。

绝圣弃智，民利百倍。绝仁弃义，民复孝慈。绝巧弃利，盗贼无有。此三者以为文不足，故令有所属。见素抱朴，少私寡欲，绝学无忧（19）——不空喊口号，不贵难得之人、货，务实。

人法地，地法天，天法道，道法自然（25）——遵循物候节令等自然规律，指导农业生产。

重为轻根，静为躁君。是以圣人终日行不离辎重。虽有荣观，燕处超然。奈何万乘之主，而以身轻天下？（26）

以道佐人主者，不以兵强天下……善者果而已，不敢以取强（30）

吉事尚左，凶事尚右。偏将军居左，上将军居右，言以丧礼处之。杀人之众，以悲哀莅之。战胜，以丧礼处之（31）——不喜悦、不追求。

国之利器不可以示人（36）

侯王自称孤、寡、不谷（39）——言辞谦下。

行于大道，惟施是畏。大道甚夷，而民好径。朝甚除，田甚芜，仓甚虚。服文彩，带利剑，厌饮食，财货有余，是为盗夸。非道也哉！（53）

大国者下流，天下之牝，天下之交也。牝常以静胜牡，以静为下。故大国以下小国，则取小国。小国以下大国，则取大国。故或下以取，或下而取。大国不过欲兼畜人，小国不过欲入事人。夫两者各得所欲，大者宜为下（61）

美言可以市尊，美行可以加人（62）

为无为，事无事，味无味。大小多少，报怨以德。图难于其易，为大于其细。天下难事，必作于易。天下大事，必作于细。是以圣人终不为大，故能成其大。夫轻诺必寡信，多易必多难。是以圣人犹难之，故终无难矣（63）——从简易、小事入手。不轻易承诺，不低估困难、风险。

古之善为道者，非以明民，将以愚之。民之难治，以其多智。故以智治国，国之贼。不以智治国，国之福。知此两者亦稽式。常知稽式，是谓玄德。玄德深矣，远矣，与物反矣，乃至大顺（65）——不公布争竞智慧、货利、美名的信息。

是以圣人欲上民，必以言下之；欲先民，必以身后之（66）

我常有三宝，持而保之。一曰慈，二曰俭，三曰不敢为天下先。慈故能勇；俭故能广；不敢为天下先，故能成器长……夫慈以战则胜，以守则固。天将救之，以慈卫之（67）

善为士者，不武。善战者，不怒。善胜敌者，不与。善用人者，为之下。是谓不争之德，是谓用人之力，是谓配天古之极（68）——团结、管理智慧，统一战线。

用兵有言：吾不敢为主，而为客。不敢进寸，而退尺。是谓行无行，攘无臂，扔无敌，执无兵。祸莫大于轻敌，轻敌则几丧吾宝。故抗兵相若，哀者胜矣（69）——让民众清楚、理性看待敌我实力、斗争形势，调动积极性。

圣人被褐而怀玉（70）

民不畏威，则大威至。无狎其所居，无厌其所生。夫唯无厌，是以不厌。是以圣人自知不自见，自爱不自贵。故去彼取此（72）——时刻关注民生所居、所生。

勇于敢则杀，勇于不敢则活。此两者，或利或害。天之所恶，孰知其故？是以圣人犹难之。天之道，不争而善胜，不言而善应，不召而自来，繟然而善谋。天网恢恢，疏而不失（73）——管理疏却有实效，关键在以身作则。

民不畏死，奈何以死惧之？若民常畏死，而为奇者，吾得执而杀之，孰敢？常有司杀者杀，夫代司杀者杀，是谓代大匠斫。夫代大匠斫者，稀有不伤其手矣（74）——管理的专业分工，勿越俎代庖。

民之饥，以其上食税之多，是以饥。民之难治，以其上之有为，是以难治。民之轻死，以其上求生之厚，是以轻死。夫唯无以生为者，是贤于贵生（75）——界定利益边界，减税，减少管理、统治开支。

兵强则灭，木强则折。强大居下，柔弱居上（76）——合理配置人力和社会资源，不穷兵黩武。

天之道，其犹张弓欤？高者抑之，下者举之。有余者损之，不足者补之。天之道，损有余而补不足。人之道则不然，损不足以奉有余。孰能有余以奉天下？唯有道者。是以圣人为而不恃，功成而不居，其不欲见贤（77）——调节过高、过低收入，共同富裕。

和大怨，必有余怨，安可以为善？是以圣人执左契，而不责于人。有德司契，无德司彻。天道无亲，常与善人（79）

小国寡民。使有什伯之器而不用，使民重死而不远徙。

虽有舟舆，无所乘之。虽有甲兵，无所陈之。使民复结绳而用之，甘其食，美其服，安其居，乐其俗。邻国相望，鸡犬之声相闻，民至老死不相往来（80）

九、政治心理学

（一）民对上

太上，不知有之。其次，亲之誉之。其次，畏之。其次，侮之（17）

民不畏威，则大威至（72）

（二）上之行政管理

奈何万乘之主，而以身轻天下？轻则失根，躁则失君（26）

前识者，道之华，而愚之始（38）

杀人之众，以悲哀莅之（31）——礼制心理学。

抗兵相若，哀者胜矣（69）——军事心理学。

（三）上对下

虚其心……弱其志……常使民无知无欲（3）

轻诺必寡信，多易必多难（63）

使民重死而不远徙……甘其食，美其服，安其居，乐其

俗（80）

（四）上下联动

大道废，有仁义。智慧出，有大伪。六亲不和，有孝慈。国家昏乱，有忠臣（18）

老子的军事思想

老子的军事思想可以分析和概括为无战、战理、备战、止战、战术、战礼六大方面，主要见于《道德经》第二十九至三十一、四十六、五十、五十七、六十二、六十七至六十九、七十六、八十等章节。

一、无战

首先是"小国寡民"的政治和社会管理理念，从邦国管理者层面减少争竞之心：将欲取天下而为之，吾见其弗得已。天下神器，不可为也，不可执也。达到"使有什伯之器而不用……虽有甲兵，无所陈之"的局面。

其次是通过外交手段协调邦国之间利益一致，形成"大国以下小国，则取小国。小国以下大国，则取大国"的沟通解决机制。

二、战理

（一）道胜：人民战争

故立天子，置三公。虽有拱璧以先驷马，不如坐进此

道。古之所以贵此道者何？不曰：求以得，有罪以免邪？故为天下贵（62）

我常有三宝，持而保之。一曰慈，二曰俭，三曰不敢为天下先。慈故能勇；俭故能广；不敢为天下先，故能成器长。今舍慈且勇，舍俭且广，舍后且先，死矣！夫慈以战则胜，以守则固。天将救之，以慈卫之（67）

道胜的道，主要指认识和顺应人民群众这一道的主体。有了这个道，所以有罪可以免，故为天下贵。

慈故能勇，慈为什么能得到勇呢？后面很明显说道：夫慈以战则胜，以守则固。天将救之，以慈卫之。三宝第一宝，就是对人民群众要有慈爱之心，我们对老百姓的休养生息、居住生活要多关心，使他们安居乐业、生活美好。老百姓对入侵之敌就会同仇敌忾、万众一心，那么我们对敌作战以战则胜、以守则固。所以说天将救之，以慈卫之。

（二）战争的后果

战争的后果主要包括引起报复、对生产和民生的破坏与伤害。

1. 好战必危，战无止境

以道佐人主者，不以兵强天下。其事好还（30）

发动战争会引起报复和抵抗，造成战争反复出现。

夫乐杀人者，则不可以得志于天下矣（31）

强梁者不得其死，吾将以为教父（42）

兵强则灭（76）

好战者无法取得天下，最终结果是灭亡。

2. 对生产和民生的破坏

师之所处，荆棘生焉。大军之后，必有凶年（30）

夫兵者不祥之器，物或恶之，故有道者不处（31）

战争是残害老百姓的，它的破坏力巨大：会造成民众流离失所，或者瘟疫、饥荒、生灵涂炭。

三、备战

虽有甲兵（80）

盖闻善摄生者……入军不被甲兵……兵无所容其刃。夫何故？以其无死地（50）

既然战争的危害这么大，如果面对外敌入侵，有人硬把战争加在我们头上，我们还是应该予以还击。

四、止战：果而已，恬淡处之

善者果而已，不敢以取强。果而勿矜，果而勿伐，果而勿骄，果而不得已，果而勿强（30）

兵者不祥之器，非君子之器，不得已而用之，恬淡为上。胜而不美（31）

只要达到善者果而已，胜而不美，即达到用兵的目的就行了。不应以兵力强而好斗，不以兵力强而夸耀，因为这是不得已。如果恃强，最终的结果会失败。第三十一章进一步提出，不得已而用兵时，恬淡处之，胜利了也不自鸣得意，如果战胜以为了不起，那么就是乐意杀人，而乐意杀人的是不会得意于天下的。因而在庆祝胜利的时候，总是以悲伤的心情参加，去哀悼为战而亡的死者。

五、战术

（一）总原则

以正治国，以奇用兵（57）

这是治国理政、巩固国防的总原则：日常管理中保障民生、积累实力、常备不懈。与老子处于一个时代的孙武作

《孙子兵法》，论述用兵不过奇正，用兵要知己知彼，知地知天。用兵之道，主要在得民心。

（二）控制情绪，不冒进

善为士者，不武。善战者，不怒。善胜敌者，不与（68）

不逞武力之强，不意气用事，不轻易交战。

（三）将帅之道

善用人者，为之下（68）

将将之道：充分授权，例如刘邦之于韩信。

（四）充分调动资源

是谓不争之德，是谓用人之力，是谓配天古之极（68）

全面考察周围的地形地貌、气候天气、水文汛期等自然地理条件，加以分析、利用。充分调动一切有利于我方、不利于敌方的资源，利用信息战、资源战、民心战、反间计等策略武器，争取广泛、有力的统一战线。

（五）养气

用兵有言：吾不敢为主，而为客。不敢进寸，而退尺。是谓行无行，攘无臂，扔无敌，执无兵。祸莫大于轻敌，轻敌则几丧吾宝。故抗兵相若，哀者胜矣（69）

临战布防准备，包含物质和精神层面。

六、战礼

君子居则贵左，用兵则贵右……吉事尚左，凶事尚右。偏将军居左，上将军居右，言以丧礼处之。杀人之众，以悲哀莅之。战胜，以丧礼处之（31）

七、总结

从无战到战术、战礼，体现了老子无为而无不为的思想，人心惟危，道心惟微，凡事预则立。

太上：从源头上消灭统治者的争竞之心，治理好国家，关注民生。

其次：感知逐利等矛盾会引起争斗与战争，用常备不懈巩固国防实力，御敌于境外，不战而屈人之兵。

再次：发生时，消灭在萌芽状态。

　　以上划分，体现无为而治的层次。统治者不妄为、不我为、不虚为，切道为、切民为、切实为，百姓就能安居乐业，万物归焉而不为主，犹川谷之于江海，侯王得一以正，万物将自宾，从而能治理好国家。治理好国家，不自为大、善于处下，就会有好的外交环境。有好的外交环境，符合人类共同利益，也拓展本国的生存空间。一旦发生矛盾、引起战争，要依靠人民群众，做好充分准备，不冒进、不意气用事。交战不逞武力之强，战胜而已，同时做好抚恤和后续工作，不放弃用外交手段修复邦交关系的努力。最终达到修之于天下，其德乃普。以道胜，获得天下民众的自然归附。

　　由以上可知，老子的无为而治是根据情势而变的动态的过程，浊以静之徐清，安以动之徐生，处静守柔不是绝对的、无条件的，虚而不屈，动而愈出。在大的原则和目标下，可以分阶段、因势而变，无为而无不为。

中华文明7000年

　　《道德经》中出现网，埏埴以为器，剑、甲等金属工具，尝试以老子所述社会工具对文明史进行划分。

　　相较于以石器的形态简单区分旧石器时代和新石器时代，有些无法留存、缺少考古发现的器具在历史上发挥的作用更大。原始社会先民在自然界生存，与猛兽争斗主要依靠的是团队协作利用网罟，而非石器。石器脆、易损、打磨困难，只在特定时候用，如割兽皮、割肉等。并不是生产力的决定因素，只是日常生活的补充。以人类的速度、体力、敏捷程度，无法主要依靠石器捕猎，起核心作用的还是以网为工具的群体协作。

　　中华文明的发展演进可概括为：网罟时代、陶器时代、金属时代。如果以社会分工、协作作为文明开始的标志，相当保守地说，中华文明至少有7000多年的历史，上溯至人文始祖伏羲推广网罟的约公元前5000年。考古实证中，湖南道县已发现距今1.4万年之前的稻米。而作物的培育绝不是几代人就可以完成的，需要多代人的接力以及经验的传承有序。与农业种植相配合的还有对天象的记录和认识，面对斗转星移的浩瀚天空，要总结出时令、季节等规律，需要更长久的文明积累。因此，将中华文明上溯至公元前5000年已是相当保守，并且考之有据。在那个时期，网罟已是普遍使用的生产工具，用于捕捉、驯化野兽。下一个阶段主要是陶器的应用，配合火的使用、粮食的贮存、礼制的初期形态。再下一阶段是金属工具的运用，如《道德经》中反复出现的兵、甲、剑等。时至今日，以芯片、机床等为代表的金属器具，依然是社会生产的主力。因此，可以以网罟时代、陶器时代、金属时代为文明划史、排序。

中国是进入网罟时代、陶器时代较早的文明区域，伏羲、黄帝、尧舜等，都是认识自然、革新生产工具的创造家和优秀的管理者。如伏羲造网，黄帝之妻教织，舜提高陶器质量等。而进入金属时代后，西方经由工业革命，广泛、深刻地进入了金属时代的全盛时期，从进入全盛时期开始，依靠军事实力的领先，而称霸全球。华夏大地也逐渐丧失了天下王天下为公、天下共尊共主的社会与科技进步的办调机制。整个社会变成科技创新主导的工具功利性社会。

在古代公有制社会，一项科技变革，如文字、陶器、金属等工具被发明出来，天下王会检验其价值，对有利于民生的进步会督促各地领主采纳、接受、推广，而征伐拒绝应用的领主。天子的权威来自对有利于民众这一标准的坚守和执行，天下民众共称、共检、共监其德。天子的声望与权威来自对民众利益的维护和社会管理水平。社会管理水平包括：对社会变革的前瞻性、创新和应用工具的效率、与邦国领主之间（中央与地方之间、地方与地方之间）的协调机制等。

在如此制度模式下，一项变革和创新需要经过社会（民众）共识的检验，由天下王作出，才是正统，易于被接受。但在近代西方坚船利炮的压迫下，中国本土对科技创新和社会管理的评价标准被"与西方接轨"所占领，要看是否适应西方、制衡西方、超越西方。失去了评价标准的自主权后，人们对中华文明（历史成就）的理解也出现偏差，造成各个领域的中西之辩。

中华文明史三个时期简略划分如下。

网罟时代：公元前10000年之前—公元前5000年；

陶器时代：公元前5000年—公元元年；

金属时代：公元元年至今。

陶器时代全盛时期的标志：舜提高陶器质量——陶河滨，河滨器皆不苦窳。

进入金属时代的标志：汉代铁犁牛耕的推广使用。

西方进入金属时代全盛时期的标志：工业革命与帝国霸权。

中国进入金属时代全盛时期：公元2000年之后，个人电脑、手机的普及，第五代移动通信技术、芯片的研发加快。

每一时代末期，即新老时代交替时，是文化高点。因为总结经验教训，思考出路。例如，神农药学、黄帝医学、仓颉造字（网罟时代末、陶器时代初）；诸子百家（陶器时代末）。

每一时代中期，即全盛时期，是政治高点。例如，尧天舜日、大禹划定九州（陶器时代中期）。全盛时期（政治高点）的特点：该时期物质和精神财富积累到一定程度，科技日新月异，管理者获得民众爱戴，社会管理高效，社会矛盾相对较小。这一时期，矛盾在统治集团内部解决（尧举舜，舜代丹朱；舜流鲧用禹）。

新旧时代交替的文化高点，存在普遍的社会矛盾，包括区域矛盾（诸侯之间）、阶级矛盾（周朝与诸侯，诸侯与民众）等，并不断激化。无法通过统治集团内部调节来化解，民众对统治、制度丧失信心。

从政治高点向文化高点过渡的阶段：继续推进改革开放，保持科技敏感度，寻找新的科技、经济增长点，做大蛋糕，缩小贫富差距，提高社会管理、国家治理、国际合作水平。

每一朝代也有阶段性政治高峰，如朝代初期（文景之治、贞观之治）等。这时候，政治高峰往往伴随文化高峰，相互依存、相互补益、相互促进。

老子破解了其所处时代政治高点（尧天舜日）的原理，即无为而治。孔子知道尧舜的政治高点（无为而治者，其舜也与？），但聚焦、推行阶段性政治高峰——周朝初期，而较少阐释、讲解其出现的历史环境（包括政治、经济、自然因素等），难以被深刻体察和融入当下环境的诸侯、大夫所悦纳。下文浅析道学、儒学之本末行世之别。

外

篇

老子不老
昌新本
《道德经》注解

道学、儒学之本末行世之别

邦国制条件下，当中央弱、诸侯强时，意味着中央的实际管控力不足，则中央期望道行天下，减少争竞和战备竞赛，以维持其存在和合法性。诸侯在争霸环境中要维持生存、提升地位乃至争霸，需要法家、兵家思想，如吴起、孙子之兵道，商鞅变法等。中央集权制国家，当经济凋敝、疲软时，中央要推行道家思想，以休养生息、扩大人口规模和税基。当具备一定经济基础，转向巩固统治、强化管理时，需要儒家思想，以建立秩序与权威。

汉朝用道或尊儒是统治者的选择和利益考量。汉初行黄老之学，萧何、曹参一脉相承，正所谓萧规曹随。而晁错、主父偃、董仲舒等的施政纲领各有千秋，反映出不同时代甚至不同个体对儒的理解多有差异，与时代背景（经济、社会基础等）、时代人物、时代风气以及个人所受的教育方向有关。道学、儒学自诞生成形以来，逐渐从本生末、由源及流，演化发展至经世致用层面，这一过程存在差异，试作分析说明。

首先，在致用层面，老子学说常冠以黄帝的思想，称为黄老之学，其内核基本固定，在个人为清静，在治世为休养生息，统称为无为。各朝之初用黄老之学基本以休养生息为主。

儒学弟子中大家众多，如孟子之民为贵、曾子之忠恕、子思之中庸等等，著说纷纭又各成体系。因此，个体学儒择一门一家而深入变为一种选择。

其次，这与儒道门人的地位差异有关。儒家孟子为亚圣，有曾子、子思等集大成者。而道家后世基本与老子思想一脉相承，未有能因文章而熏及"三清"之地位者。庄子也仅就道学的某些方面加以阐发、描写和演绎，与后世的葛洪、陈抟等一样，学说基本还是涵摄于老子的思想。

最后，与治世法则的结合程度不同。儒学因方法步骤较为明确，体系庞杂而成熟，社会管理思想丰富，且门徒众多、与世俗教育紧密结合，得到历代统治阶层、权威、家长的推崇，成为国家、社会、组织、家庭管理的简便工具与教旨。这样与各层次管理活动的不断结合，又反作用于儒学本身，丰富其实践、认知与理论体系，诞生了一代又一代大儒，乃至以之指导个体实践的儒士、儒商等。

而道学之个体修习与社会管理思想重个体实践与顶层设计，在社会圈层的普及面并不甚广，治世的具体措施需要管理者个人从道至术的领悟和转变，这种"悟"的过程他人难以代替，也缺乏可以照搬的模仿对象（因为道隐无名、知者不言）。这样一来，相比儒学，道学缺乏官僚集团的庞大基础。

怎样理解道家和儒家对中国的文化影响？

观念一，在维持世界和平、政局稳定以及人民生活幸福上，道儒是统一的。

观念二，在为人的诚信、人性的真实以及言行一致、以身作则的作用上，道儒两家是统一的。

观念三，在对待治学和求知的态度上，两者是统一的。

笔者为儒道各题几句，虽不能概括，略作辨识。

道　　家

勘破千年治世殇，小国反比大国安。

道者"无为"民为本，走马闻鸡不荒田。

儒　　家

历数理政周公贤，以礼施教仁义兼。

智者立信恕为本，有朋远来乐陶然。

孔子认为中国古代夏商周之所以能延续那么长久的统治，是靠天命所归的王者、治国以礼的约束而达到。人们必须以怀仁立信，有以恕为本的胸怀，自发地维护周公之礼，使天下长治久安。

老子认为，自从黄帝、唐尧、虞舜、夏禹这些由民众公推的贤者以无为的态度治世，治理的结果是维持公利，因而可以长治久安。世界发展到后来，后世之君多是以争权夺利、假托天命上位的统治者。他们的世界观不同，因而有不同的统治政策，但逃不出"其兴也勃焉，其亡也忽焉"的周期。原因都是统治阶级不能以执政为民、天下为公的道德治世。

法字用水旁：水之去，以渠或堤为规范，以正其利。人之行，以律令为规范，以建其功。法家源自道家，有其根源。

为什么老子赞美水为上善

上善若水。水善利万物而不争，处众人之所恶，故几于道。居善地，心善渊，予善天，言善信，正善治，事善能，动善时。夫唯不争，故无尤。（第八章）

《道德经》第八章，老子单独把水列为一章，这在全书中少见，可以看出老子对水的重视。老子以多个方面的善赞美水，说水具有道的品质。水在中国古时被列为五行之一，著述颇丰。《孙子兵法》中讲了水在军事中的应用。孙子在《形篇》中说：胜者之战民也，若决积水于千仞之溪者，形也。《虚实篇》中又说：夫兵形象水。水之形，避高而趋下；兵之形，避实而击虚。水因地而制流，兵因敌而制胜。

《黄帝内经》以五运来解释天、地、人，万事万物，是古代医学的基础。五运又以木运排在岁首，对应春季天地间万物衍生。五运的顺序是木、火、土、金、水，依次相生。老子把水列作衍生生命的第一种要素，因而提出"上善若水"。同时，天地间的水主要存在于江海之中，由于它的善下，处众人之所恶，所以最接近于道，具有大德，像得道的圣人，也像老百姓，它是道的主体。正因为如此，在《道德经》第三十九

236

章中，老子把天地间的六种事物列出，说明得道则生，失道则亡。形象地把水列为道，即山谷得之则盈，失之则竭；万物得水则生，失之则将恐灭。神的道与侯王的道，都是指老百姓这个道，如神得之则灵，失之则歇；侯王得之则正，失之则蹶。为明确所指，又说贵以贱为本，高以下为基，并反问侯王以孤、寡、不谷自称，此非以贱为本邪？非乎？

第六十六章以水比民众，以江海比圣人，以水归江海的特性论述圣人善为下的玄德与水同性：善下之故使川谷之水归江海，使百姓推举圣人，天下归心。是以圣人处上而民不重，处前而民不害。是以天下乐推而不厌。以其不争，故天下莫能与之争。圣人以虚怀若谷、不争之德，达到天下大治。后世多以水比喻民众，又多以弄潮者、驾舟者，甚至鱼比喻执政者。

第七十八章：天下莫柔弱于水，而攻坚强者莫之能胜，以其无以易之。弱之胜强，柔之胜刚……说明水有攻坚克难的强大作用，暗喻人民群众的力量强大。

民众如水的特性可以联系西周时期发生的一起重大历史事件来理解。公元前841年，周厉王执政期间，发生了"国人暴动"。起因是周厉王下令征收百姓采用山、林、涧、泽物产的"特产税"。周厉王为扩大国库收入，不顾普通百姓的承担能力，对老百姓的渔猎及采药、摘野果等行为设卡征税，对人们的反对意见进行打压处罚，使群众敢怒不敢言。

"道路以目"这个成语就来自于此。当时召虎（后称召穆公）曾劝谏过周厉王说：塞住老百姓的言路如同塞住一条河，久了会泛滥。周厉王不听劝阻，终于发生了"国人暴动"。周厉王在这次暴动中失去了执政权力，躲藏起来，愤怒的群众还要伤害周厉王的儿子。召穆公为掩护周厉王的儿子，在这次事件中牺牲了自己的儿子。公元前841年，由周定公和召穆公联合执政，是谓"周召共和"的元年。共和经十四年后，又还政于周厉王的儿子静（周宣王）。老子对这一历史史实有更深的感悟。历史上周公旦辅佐成王，曾招致流言攻击；召穆公为国家安定失去了自己的儿子；他们都经历过"受国之垢"和"受国不祥"的考验。在代理执政和"周召共和"期间，他们也算当上"社稷主"和"天下王"。究其原因是前朝的统治者违背了道，谁伤害民众的根本利益，谁就像堵住了水的去路。以水和民众相比是中国古代人们的广泛认识，这种观念由来已久，但统治者未必能真正认识、引为教训。由此，老子在本章强调"以其无以易之。弱之胜强，柔之胜刚，天下莫不知莫能行"。后世之君若能引此为戒，亦为幸事。如唐朝魏征提醒唐太宗"载舟覆舟，所宜深慎"。唐太宗深知其理，故能有"贞观之治"。中国共产党将自身与群众比作"鱼水之情"，其情当能久远。

水在第八章的优秀品质，加上攻坚强者莫之能胜，反映人民群众是道的主体。而运用这个道，还要加上玄同等更多措施，建立起人类命运共同体的伟大工程，长治久安是有希望的。人类向往文明，不向往战争，干戈是可化为玉帛的。

中国古代君王为什么屡被老子推崇

中华民族有数千年的文明史，我们不妨沿着中国文化的脉络重新认识一下我们的先祖。

当知识较为分散时，集中于统治者、托天下王（圣人）之名，更易于保存、传播。这在东西方都不鲜见，如"亚里士多德全集""三藏"等。

读过《黄帝内经》的读者可以认识到，在如何养生的问题上，老子的《道德经》与《黄帝内经》的意旨非常相近，主旨精神是上医治未病之病，也就是无为而治。但老子决不仅限于养生，他的主旨是如何治理世界，以达到长治久安。中国汉唐两代采用老子无为而治中休养生息、轻徭薄赋的国策，从而呈现"文景之治""贞观之治"的繁荣景象。然而，理解黄老治世的深层内容，还须结合华夏先祖永远值得我们继承的高尚品德。

黄帝大约生活在公元前3000年。他与神农氏炎帝都是中原民族部落的首领，亦可称作王。他们作为部落之王，经常为捍卫、争取本部落的利益而争战。逐鹿中原时，双方交锋后发现，合则两利，斗则两伤。于是双方言和，共同击败争夺中原的蚩尤部落，进而实现中原民族大融合、大团结。黄帝与炎帝被中华民族视为先祖，我们今天习惯称自己为炎黄子孙。这两位先祖带领民众兴利除弊。黄帝与岐伯、伯高、雷公、少俞、少师等人共同搜集编制人类第一中医典籍《黄帝内经》。这部中医典籍虽经后代有假托增添部分内容外，其基本理论如五运、六气、天地人一体论、十二经络、八纲辨证等内容仍为中医的基本理论。另一位先祖神农氏尝试百草，从事耕稼，被尊为药典的创始人。他们都是集古今人类文明的大成者，后人可以为之骄傲。

黄帝死后，他的孙辈高阳氏继位，称为颛顼，也是一位聪明的君主。颛顼死后，他的侄辈高辛氏继位，称为帝喾，也是一位称善的君主。高辛死后立了挚，挚未孚众望。众人推举挚的弟弟放勋为天子，也就是尧。尧被称为其仁如天，其知如神，在他的治理下百姓昭明，合和万国。老子所称的太上之治：功成事遂，百姓皆谓我自然，可以参阅《帝王世纪》中帝尧的治世状况："天下太和，百姓无事，有八十老人击壤于道。观者叹曰：大哉尧之德也！老人曰：日出而作，日入而息。凿井而饮，耕田而食。帝力于我何有哉！"末尾一句正好对应"百姓皆谓我自然"。

尧治世的主旨精神是一切以天下苍生为念，用人的原则是唯德是用，唯才是举。尧年老时，放齐对尧进言：尧的儿子丹朱可以作为继承人。被尧否定。尧又否定了推举共工的意见。尧用四岳去察访有德才之人，发现舜的品德高尚。舜的父亲名瞽叟，他续弦后妻（也就是舜的继母），生下儿子象，是舜的弟弟。舜的父亲听信舜的继母和象的谗言，他们经常设计陷害于舜。舜以其智多次化险为夷，但从不记恨他的父母及弟弟，总是以德报怨，勉力团结了他们，尽到孝道，舜在二十岁便以孝闻名天下。尧听说舜有如此德行，把自己的两个女儿嫁给舜，并继续观察舜能否做到宠辱不惊。舜果然没有因为受到天子的赐婚而骄傲自负，反而更加勤勉地为天下苍生造福。他耕历山、渔雷泽、陶河滨，都以良好品德和示范作用会聚民心，呈现和乐景象。尧最终决定把天下托付给舜。舜也是黄帝的后裔，名重华。人们习惯把三皇五帝视为一体，又习惯称"尧天舜日"为天下和乐的代名词。

舜摄政后，继续励精图治。他察看天下治水情况，认为鲧的治水存在很大的生态和政治风险。鲧被废弃之后，舜发现鲧的儿子禹是一个难得的贤才，让禹来组织治水。禹考察地理地貌，制订出合适的治水方案，以疏导为主，有效降低了水患风险。禹将治水以后的中国划为九州，即为中华的代名词。舜年老时到南方巡视，身死苍梧，禹继位。禹自受任以来，继续身先百姓，励精图治，与皋陶、伯益一起管理天下。禹会聚民心的过程可以从"化干戈为玉帛"窥见一二。

干戈：古代兵器。玉帛：玉器和纺织品，古代诸侯会盟时带的礼物。《淮南子·原道训》：昔者夏鲧作三仞之城，诸侯背之，海外有狡心。禹知天下之叛也，乃坏城平池，散财物，焚甲兵，施之以德，海外宾服，四夷纳职，合诸侯于涂山，执玉帛者万国。这与《道德经》中的"我无为，而民自化"可以互为注解。

三皇五帝到大禹的天下为公的执政传统深为后人赞扬，也隐现老子无为而治的政治蓝本。几位君主的权力交接和执政方略有以下共通之处。一是协调本部落（部族、邦国）和天下的利益关系。作为部落首领，他们天然需要代表本部落的利益。但是，捍卫和争取己方的利益往往需要协调和他方乃至天下的利益，即形成利益共同体。形成团结而广泛的利益共同体，才是对自身利益的最大保护。例如，炎、黄部落的握手言和，形成以战则胜、中原融合的局面；禹坏城平池，散财物，焚甲兵，反而执玉帛者万国。这可以作为"大国以下小国，则取小国。小国以下大国，则取大国"的生动说明。

二是候任者的选拔培养过程。黄帝、舜、禹在正式继位前，都有代行天子之职、摄政管理天下的考验历练阶段。这一阶段犹以军事、水利工程最能调动民力、检验组织管理水平，而他们都成功通过考验，获得了民众支持。他们代表了生产力和管理水平的革新，代表了天下最广泛民众的利益诉求，形成了利益共同体，实现了后其身而身先。

三是权力交接控制影响范围。虽然民众支持是大势所趋，但核心层面个体的选择也会形成关键事件，影响局势走向。尧、舜、禹的权力交接，基本控制在统治圈层的小范围，没有形成天下争夺的局面。这一方面得益于候任者摄政、代行天子之职的选拔培养过程，老王参与监督、协调各方势力。这一机制有助于提前树立候任者的威信，扩大和平交接的社会共识，抑制潜在竞争者的争竞之心。另一方面，候任者即位后，对旧权力势力的忍让与妥善安置也有效降低了（实质或名义上）维护旧势力的能量。

从黄帝、炎帝对和则两利的预判，到尧、舜对天下形势和民心向背的把握，无不体现着无为而无不为的理念。尊重个体、关注民生、身体力行，止战、不穷兵黩武，有矛盾用核心管理层的契约来化解，也体现了以国为小、以民为少的小国寡民方略。

浅析"不尚贤""愚民""绝学无忧"

不尚贤，使民不争。不贵难得之货，使民不为盗。不见可欲，使民心不乱。是以圣人之治，虚其心，实其腹，弱其志，强其骨，常使民无知无欲，使夫智者不敢为也。为无为，则无不治。（第三章）

古之善为道者，非以明民，将以愚之。（第六十五章）

《道德经》第三、六十五章相互呼应。我们首先了解一个史实：老子所处的时代诸侯争霸、战乱频仍，各国诸侯，特别是强国诸侯纷纷打出招揽各色人才的牌子，名目繁多的求贤令见诸天下列国，有的用重金和珠宝求取军师、谋士、勇士等。当世的士人思想波动，纷纷投奔各诸侯。老子提出的"不尚贤""愚民"是为制止这种社会现象蔓延；而无为而治正与这种不良现象相反。继而老子提出对普通百姓要虚其心，实其腹，弱其志，强其骨，常使民无知无欲，使夫智者不敢为也。为无为，则无不治。在天下纷争局面下，诸侯或主动或被动地参与争竞，忽视了民生之本。第十九章提出要见素抱朴，少私寡欲，绝学无忧。绝的是争竞有为之学，回归无为而治。不妨联系《论语·宪问》中的两句话来理解。

子曰：古之学者为己，今之学者为人。释义："古时学者为了提高自己的道德、文章做学问，今时学者做学问却是为了装饰门面给人家看。"从中可以体会当世学者急功近利的心态，也是时势使然。宋代理学家解释这两句为：为己，欲得之于己也；为人，欲见之于人也。这样的心态与无为而治相反，又怎能天下为公呢？为自身利益必然使争战不止。老子的"不尚贤""愚民""绝学无忧"，是从天下、邦国、理念、行动的全方位，呼吁戒除争竞之心，关注民生之本，施行以国为小，以民为少的小国寡民治理方略．构建人类命运共同体，为无为，则无不治。

中国人为什么称自己是龙的传人、有龙的精神

要说明这个命题，还要从中国的农耕文化说起。中国先民在从事农田耕作时，经常会碰到旱涝灾害。"龙管治水"的传说比较普遍，原因是多方面的。原因之一，当久旱少雨之时，人们忽然看到，江河湖海、天地相交之处，腾起一股或几股黑色之气。古人称之为"龙挂"或"龙取水"（后称为龙卷风）。往往起龙挂之后，便很快下起大雨，解除了旱情。有时听说，某地"龙取水"还带给地上鱼虾等物，更增添对龙取水的崇信。再如，有时天气晴朗，忽然天地间风云聚起，天上霎时乌云滚滚，有如乌龙翻腾，云间电鞭闪烁，犹如金龙显身，伴以惊雷暴雨。人们面对骤变的天气，亦增添对龙的相信。有时在阴历七八月间，天空中出现龙斑状、有规则的彩云，老百姓有谚语称："老龙斑不过三，过三要放干。"由于先民对江河湖海和云气现象传说颇多，且多见其验证，民众把龙视为图腾，又把蛇称为小龙，并多传说。

在中国，龙的精神更是深入人心。太昊伏羲氏以龙纪官：春官为青龙，夏官为赤龙，秋官为白龙，冬官为黑龙，中官为黄龙。黄帝轩辕氏治理天下时，将天下的官吏和军队以云为称。以东方之属为春，称青云；以南方之属为夏，称

缙云；以西方之属为秋，称白云；以北方之属为冬，称黑云；中部之属称黄云。黄帝时，左史官仓颉主管造字，黄帝把天下动物划分为"五虫"，人被命为倮虫之长（一说裸虫之长）。表明人进化后，站起身或穿上衣服，与虫不同，能担负更多的历史使命，如人能仿、做、作、创造等。龙被命为鳞虫之长，也不同于虫属。龍字，左边是立月，表明已站立起来；右边是上飞，其字形也符合龙的乘云上飞之状。伏羲氏的百官及从属称为龙师，黄帝时称为云师。龙、云关系紧密。

农历自二十四节气的第一个节气"立春"开始。根据正月第几日为辰日，当年即被称为几龙治水，可以反映水旱情况。人们对龙的治水、德能才志深信不疑。几千年来，人们因为龙的精神和勇气、使命和担当，深表崇敬。中国自古就有以龙为姓的族姓、以龙为名的地名。百姓中，�性不乏以龙为名，男女多喜以云为名。姓名的内涵多有德才志得兼之意。人们对贤明君主称其为"真龙天子"，对有胆识的人才称之为"是龙不是虫""非池中物"等，称优秀学子"鲤鱼跳龙门"。

中国自古以东部为春属，大禹治水后将泰山以东划为青州。中国人称青春、青龙、青云，同样含有奋发向上、胆识过人、春和景明、万象更新、德才兼备、英勇奋进、勇于担当、敢于创新等内涵。中国各地江河湖海、繁华要埠之处，多有龙庙，以庆祝国泰民安、风调雨顺。民间民俗中舞龙、龙舟、龙门、龙雕、龙塑、龙刻、龙绣、龙筝、龙文身等，数说难穷。

春秋时，孔子问礼于老子，相处后，孔子称赞老子学识高深，说："其犹龙耶"。西汉高祖亦传有天龙之象。唐初王勃《滕王阁序》称"穷且益坚，不坠青云之志"。杜甫咏岱宗，称"齐鲁青未了"。北宋年间梁灏年八十有余，参加科举中魁，称为"青云得路"。封建各朝皇族绣龙为贵。然有人问："大清朝青龙旗何以衰？"或自答："晚清失德，遗民犹在。"

孙中山举"天下为公"之帜，旧三民换新三民。毛泽东率民众移"三山"而新纪兴。游出蜀中夔门的朱、刘、邓等，突显他们龙的精神。替国民党镇守云南的龙云，人如其名，终站入人民的阵营。

中国人向中国龙，中国龙像中国人。龙的精神，中国人乐称之、乐为之。

中华民族为什么一贯重视国家和谐、人类和平理念

道生一，一生二，二生三，三生万物。万物负阴而抱阳，冲气以为和。人之所恶，唯孤、寡、不谷，而三公以为称。故物或损之而益，或益之而损。人之所教，我亦教之。强梁者不得其死，吾将以为教父。（第四十二章）

天地间万物产生首先靠水，有水和大气、阳光的作用，最初衍生一种生物。这种生物极细微，但它可分为阴阳。有阴阳便衍生第二、第三，然后继续衍生出天地间的万物，如人是五虫的一种，为倮虫；植物又分为不同种属（百草）。凡是有机体都应是有生机的，就是充进生气，当气达到"和"就是生物的最佳状态，因为生物都是从气不足、气和到气衰的生死过程。就拿人来说，人离不开空气，有气海及营气、卫气。气海负责通过肺的吸入呼出不断与外界的气吐故纳新，营气负责营养血液的运行，卫气则负责护卫、排泄系统。人的气息运转过程调和，则身体健康。人与人之间，互相帮助、相处和谐，也是和的表现。人与环境的和谐也值得庆幸，因为人离不开自然界。

王公常称孤、寡、不谷，有时他们是谦虚地自称，但

有时也可能真的陷入了孤、寡、不谷。这两种情况要看他们的作为是否符合道和德。恃强凌弱、伤害生灵的，不会得到善终。第四十二章说明老子对人及人世间的和谐非常重视，"和"不仅对人本身重要，对人与自然相处、社会整体运转更为重要。反之，强梁者不得其死。

中华民族的"尚和"精神有其文化传承。

在公元前三千年左右，中原大地上出现两个强大的民族部落，一个部落的首领是神农氏，被称为炎帝，另一个部落的首领是轩辕氏，被称为黄帝。为争取部落利益，双方在中原地区多次交战，互有胜负与损伤，于是这两个部落首领共同悟出一个道理，依靠军事争取利益绝不是最佳选择。他们双方采取谈判方式，促成中原民族大融合，共同推举黄帝与炎帝为天下王。这次民族大融合，黄帝与炎帝率领民众致力于有利民生的生产实践，在实践中总结创新成果，例如革新农具和纺织技术等。这次"和"的结果不仅有利于生产技术的研发留存，依托伏羲氏、仓颉等创造的文字，也汇集整编出医典、药典等文化典籍。在和平环境下，依靠文字系统的发展，以及生产、生活等各方面知识的汇集，中国文化有了传承，中华民族认炎帝与黄帝为祖先。

这次大融合之后，中原几百年没有大战争，发生局部的小战争被黄帝和炎帝共同平定。中原的后继之君由部落诸侯共同推举，以选贤任能为宗旨产生天下王。如尧为天下兴利除弊，使天下太平、四海和乐。他在晚年不把王位交给自己的儿子丹朱继承，而禅让给德高望重的舜。舜继续推行尧的天下为公的治世方略。他晚年也不把王位传继给自己的儿子商均，而禅让给治水有大功的禹。禹以其过人的德才，考察中国的名山大川，很快制订出治理水患的方略。他亲率天下民众凿山开渠，首先毁其父鲧留下的城堤，经过艰苦卓绝的努力，终于疏解了水患。禹在晚年选贤任能，以皋陶和伯益为自己的继承人。后因皋陶去世早，在禹死后，众诸侯认为禹的儿子启堪大任，推举启继位，产生中国第一个以传子制被称为"家天下"的王朝——夏。禹划天下为九州，所以中国的代名除"轩辕""神州""华夏"外，还有"九州"。中华民族、中国都因和谐、和平而产生，而和谐与和平的内涵是公利。因此，天下为公最易被中华民族接受，是中华民族的文化传承，人民对此一贯是向而往之，这些也体现在老子的《道德经》中。

中国历史上有先进于其他国家的农业和手工业等，包括四大发明，对世界文明发展有相当重要的推动作用。中国的水稻种植已有万年的历史。拿中国养蚕业来说，没有它的率先发展便不会有古丝绸之路。"化干戈为玉帛"，由夏禹到汉初的丝绸之路，文化的传承源远而流长。

春秋时期，齐国第一个称霸于春秋列国。齐相管仲的治国理念：凡治国之道，必先富民，让民众仓廪实而知礼节，衣食足而知荣辱。他提出，"一年之计在植谷，十年之计在树木，百年之计在树人"。管仲执政四十多年，使齐国富国强兵，数合诸侯维持天下基本稳定。由此，孔子称赞管仲说："微管仲，吾其被发左衽矣。"意思是，没有管仲维持局面，身在鲁国的孔子恐怕衣襟会变为其他邦国的式样了。

儒家以仁者爱人为核心，讲求恕道与诚信，追求"有朋自远方来，不亦乐乎"的景况。孟子曰，天时不如地利，地利不如人和。道家老子也推崇和谐，如"和曰常，知常曰明""天之道，利而不害。圣人之道，为而不争"。中国古圣先贤认为天下以和为贵。

中国近代革命先驱孙中山提出天下为公，被中国人民广泛接受。马克思主义的共产主义运动大大激发了中国文化向往美好社会的愿望与热情，所以能带领全国人民前赴后继，推翻三座大山，重新树立民族自信。向往天下为公的目标，遵循打造人类命运共同体的努力方向，中国一向是说话算数的。历史上中国强大了，推动了世界文明发展，中国复兴的征途也将更好地推动世界文明向民主和平方向发展。民主、和谐也将成为中国特色社会主义永久的核心价值观。

中国的农耕文化

一、中国古代农耕文化的起源，中国先民的开拓精神

就"中国"这个名称来说，它与中国的农耕文化紧密关联。中国人称黄河为母亲河，称黄河流域为中原地区。中国古人把天地间的物质划分为阴阳五行，在方位上以土居中，并称土色为黄色，人的肤色也为黄。农耕文化离不开土，因而土就是中国人的根。有的老乡称自己是"老土"并无不妥，但统称外国人为"洋"并不是很恰当。因为"洋"有来自海上的意思，其实中国人很早便开通了海上和陆地上的"丝绸之路"，起因是中国养蚕与织布比其他地区早一些、多一些。

世界上的文明古国都以当地主要的河流为发源地。中国以黄河为发源地，也是人杰地灵的缘故，中国的三皇五帝等古圣先君多出身于黄河流域。人们问中国古代为什么那么早便划分全国为九州，形成华夏一统？因为地灵人杰。黄河上游有丰富的水源，历经亿万年的流淌为下游带去深厚广泛的泥沙。它的中下游经过无数次改道，形成地势多样的山川、湖泽、平陆和旷野。这样不仅为中原大地孕育了种类繁多的植物、动物，更重要的是为古代先民提供了大量、较容易垦

耕的土地资源。就拿当今黄河入海口的山东省东营市来说，这个地级市的区县名，如"垦利""广饶""利津"，至今仍饱含原始农耕的文化韵味。所以，农耕文化是中国的根，黄河流域又是主根。

二、中国古代农耕文化具有人与自然的和谐性和社会公利性

人们说，劳动创造财富也创造人。就远古的所有动物来说，为了生存几乎都有劳动行为，但为什么（类）人的劳动能创造人，而其他动物未普遍进化为"高级动物"？笔者认为人的劳动区别于其他动物的三个显著特点：

1. 劳动方向。人的劳动除要适应自然规律、满足本身与种群生存需要外，还具有社会公利性，而且随着社会公利性范围的扩大，人的智慧和文明程度不断提高。

2. 劳动工具。人的劳动能够不断改进、创造劳动工具，因而有从旧石器时代向新石器时代的转变。

3. 劳动场所的改善。劳动场所在劳动中不断改善，包括生存生活条件，以维护人类持续劳动、再生产财富的需要。劳动场所社会公利化程度越高，社会文明程度越高。

在远古，人类与动物同处在岩居野处的自然生存条件下，人类就意识到：对自然界的植物、动物，不能依照强者生存法则进行滥杀和滥捕；如果持续这样，自然界的食物链

很容易断绝，尤其是以动物为主食、处在食物链顶端的捕食者，在下端食物短缺的情况下不得不向新的环境转移。但新的环境里可能面临更残酷的生存竞争，迫使这些顶端捕食者种群之间发生自相残杀的行为，而发生这样的行为必然使这类动物因种群数量锐减而灭绝。这可能是一些远古大型肉食动物，如部分恐龙及其他体型庞大、性情凶猛的肉食兽类、鸟类等灭绝的原因。

中国人称人是万物之灵。人类在同自然界的生存斗争中，除了有组织的社会分工和协作，人的食物链也是广泛的。人很早就以植物的果实和籽粒为主食，人们与草食动物表示友善、和谐相处，并选择繁殖率高、体型小、性情较温顺的动物驯养。随着人类种群增长，对食物的需求量增加，人们发现，在春、夏、秋季，食物很容易腐败变质，冬季食物不易腐败，但面临风雪严寒，植物籽粒脱落，动物远徙身藏，人要度过漫长的冬季和春季，面临生存难题。在同自然界的生存斗争中，人们很容易从一种动物的生存适应能力中受到启发，这种动物就是鼠。鼠除了有利牙尖爪，善奔跑攀爬，能泅水，会钻地洞，有很强的生育能力和庞大的种群数量，还有两大生存优势：一是以植物的籽粒为主食；二是有高超的储藏手段。人们从事农耕、种植粮食以后，从种、收到储藏都受到老鼠的干预、侵袭，后来人养猫以护农耕、防鼠害，才使鼠害减轻一些，因而人们把猫字写成犬旁加苗，表示猫护禾苗有功。

中国人对鼠虽不满意，却把它列为人的十二生肖的首位，称其为子鼠。鼠的写法，上端是臼米的臼字，下端三条腿，其中两条腿有两点。可以这样认识：鼠和人同样食用臼中粮米，鼠在地下有三窟。第一窟是生活窟，此窟存有粮食；第二窟是活动窟，可以与外界同伴联络，也存粮并通向水源；第三窟是逃生窟，此窟平时不多用，凡碰到天敌或危险时可用于逃生。人们常说"耕牛无宿草，仓鼠有余粮"。汉武帝时期，苏武牧羊的典故讲道：匈奴为使苏武屈服，在北海寒冷的冬季断绝了苏武的食物，苏武只能靠挖掘地鼠洞、寻植物籽粒度过饥荒。匈奴人不解，以为有神助。从这个偶然事件可以感受：人与自然、经济与政治的关系。

生肖第二位是丑牛。丑字是田字少一边，可以理解为牛在耕田中的作用：它承担了四分之三的工作量。牛加上宝盖是牢靠的牢字，一说有了耕牛，农耕文化保障牢固。古代祭祀时，崇尚以纯青色的牛（称上品牺牛）为祭品。后来，表彰为国家、为民众利益英勇献身的烈士，称为牺牲。以动物作字的偏旁，牛是唯一能站起身的。老子在春秋末期，面对天下战乱局面，骑青牛，过函谷，似有归隐之意。

生肖中，牛之后是寅虎。虎从风，称为林中之王、百兽之王，其额头条纹也似王字。据说虎能制强敌，对子也有爱心，故有"虎毒不食子"之说。

第四是卯兔，日出而跳跃于草丛；又被称为玉兔，伴嫦娥高居月宫。

第五是辰龙，中国人的图腾，据说三皇之一的伏羲氏像龙。

第六是巳蛇，被称为小龙，灵动。

第七是午马，自古征战有功劳，提醒中午应加餐。

第八是未羊，下午要吃饱（草），体才能壮。

第九是申猴，日落前精神更活跃。

第十是酉鸡，落日凤还巢。

第十一是戌狗，守夜正当时。

第十二是亥猪，主帅居后。中国戏多是配角先登场，而主角居后。故国家、居家的家字，以豕字居之。

三、中国农耕文化的"王治天下"特点、春秋时期的文化特点

天下共尊共主被称作"王治天下"，在夏朝以前已经历了几千年。春秋时期，孔子和老子时，东周的统治者王权旁落，靠礼乐制度维持的奴隶制、等级私有制社会，已经是"礼崩乐坏"。天下诸侯，强者争霸，弱则图存，民众思安。百姓思念国家安定、勉力耕种，故有樊迟问稼于孔子。孔子回答："吾不如老农""吾不如老圃"。孔子在樊迟退下后，对弟子们讲了樊迟这种问题志小而学浅，有点不足议论的意思。老子在《道德经》第二、三章讲了他对农耕文化的认识："是以圣人处无为之事，行不言之教。万物作而弗

始，生而弗有，为而弗恃，功成而弗居。夫唯弗居，是以不去。不尚贤，使民不争。不贵难得之货，使民不为盗。不见可欲，使民心不乱。是以圣人之治，虚其心，实其腹，弱其志，强其骨，常使民无知无欲，使夫智者不敢为也。为无为，则无不治。"

春秋时期，号称是中国传统文化的大展台：百花齐放，百家争鸣。儒家与道家的创始人都出生在这一时期，儒、道两种治理天下的理念都以恢复王治天下为目标。孔子强调要恢复周礼，以周公的礼乐、规章为范本，使天下恢复伦理等级奴隶制（私有制的社会模式）。老子则主张无为而治，以三皇五帝时期为范本、天下为公、无等级差别的社会模式。

在当时民众的思想中，都怀念着王治天下、天下太平的社会模式。人民称颂着尧天舜日的王治天下，也感念周文、武的仁义礼治的王治天下。我们从春秋时代的诗歌《诗经·小雅》中，可以听到民众的思想，如："溥天之下，莫非王土；率土之滨，莫非王臣"。东周五百余年，"始春秋，终战国。五霸强，七雄出"（《三字经》）。诸侯一方面要富国强兵、广罗人才、奖励耕战、依法治国，一方面还需要打着"王治天下"的装饰。东周王朝终于在秦统一天下的公元前221年落下帷幕。我们还应透过历史帷幕去揭示中国农耕文化的根，从三皇五帝时期的天下为公逐步走来的文化文明历程。

四、为什么说三皇五帝时期开启中华文化的基本理念

说起中华文化的较早时期，很多人推崇三皇之一的伏羲氏。传说伏羲氏生活在约公元前5000年，旧石器时代末期，早于黄帝约一千多年。伏羲氏，风姓，称为太昊，整理八卦、造琴瑟、教嫁娶、作书契、推广网罟、教佃渔。中国古代对伏羲氏还有很多传说，说明在氏族公有制社会中，人们与天下王的关系休戚与共，天下王的贡献永远传承：是以不去。

伏羲氏丰富中国文化，相传他画河洛图，整理八卦，经过历代逐渐演变成《连山易》。后来又有黄帝时期的《归藏易》，以及周文王、周公、孔子的《周易》。易是中国文化关于天地人三才观的基础理论，是时间、空间和人作用于土德，天人相济，天人合一，天生人、地养人等观念的起源，但后来演变为部分作为占卜之用。我们可以从《周易·系辞》及乾卦（为天）、坤卦（为地）等内容，揭示古圣先君对天地人的基本理念和思想内涵。

《周易·系辞上》说："易有太极，是生两仪，两仪生四象，四象生八卦。"古人认为，远古太极，阴和阳未分化，所以不能生万物；阴阳分化之后，即有了白天、晚上，有了四季分明，便衍生万物及人类，有了人类后才产生了八卦；这是一个天地间发展的过程。八卦中，乾为天，卦象为☰，称乾三连。象辞说："天行健，君子以自强不息。"

259

意即：天道循环往复，君子要学习天道勇往直前。坤为地，卦象为☷，称坤六断。象辞："地势坤，君子以厚德载物。"意即：君子要像大地的品质那样，载万物，与万物共生。

伏羲氏"一画开天"，参与造字。天字可以理解为：乾三连☰中的二连结合人字而成，包含三层含义。一是：唯天可以生人。二是：唯人可以识天。因为天（☰）和人结合在一起称天。三是：唯人可以补天之不足。因为天是☰少一横。

《道德经》第二十五章："人法地。"人居地，也只有依靠地。地，古人的解读即土也。而土的解读，我们看反映古人思想的《尚书·洪范》关于五行的解释："水曰润下，火曰炎上，木曰曲直，金曰从革，土爱稼穑。"古人注释：唯土言德，其他言性。这个注解与坤卦（为地）的象辞"地势坤，君子以厚德载物"一致。关于土的应用，女娲炼五色石补天可能象征陶器的使用。女娲据说是伏羲氏的妹妹。旧石器时代中晚期，土陶器的炼制使用广泛，人们用它存放粮食、衣物、文化用品等，可以防鼠、防潮、防霉、防腐，广泛用于人们的食具、容器，以及驯养各种虫类、鸟类，如蚕、蛾、小鸡、小鸭等，以防它们的天敌侵害——那真是补天之石。不过土爱稼穑，最主要的还是种庄稼和收庄稼，土是人的衣食本源，因而土德是厚重的。

德来源于土。六十四卦中，坤卦象的六爻☷，除金木水火土五行外，就是人君。德字左边是双人旁，解读为君子行。右边上端是十字，即土的上部。下端是数字四，可以理解为五行除去土，余下便是四了。四字下又是一横，这便是土的下部。以心字为底。德字可以解读为：君子要以土的宽广胸怀，心怀世界万物，与万物共生共荣。

由此，我们可以进一步理解中国传统文化：关于天人合一、天人相济、开放包容，君子有好生之德、有担当、接地气、实事求是，农业是第一产业等，沿着农耕文化这条线与时俱进。

关于炎帝神农氏、黄帝轩辕氏，汉朝司马迁在《史记·五帝本纪》中记述了这样一段文字：

轩辕之时，神农氏世衰。诸侯相侵伐，暴虐百姓，而神农氏弗能征。于是轩辕乃习用干戈，以征不享，诸侯咸来宾从……轩辕乃修德振兵，治五气，蓺五种，抚万民，度四方……与蚩尤战于涿鹿之野，遂禽杀蚩尤。而诸侯咸尊轩辕为天子，代神农氏，是为黄帝。天下有不顺者，黄帝从而征之，平者去之，披山通道，未尝宁居。东至于海，登丸山，及岱宗。西至于空桐，登鸡头。南至于江，登熊、湘。北逐荤粥，合符釜山，而邑于涿鹿之阿。迁徙往来元常处……时播百谷草木，淳化鸟兽虫蛾，旁罗日月星辰水波土石金玉，劳勤心力耳目，节用水火材物。有土德之瑞，故号黄帝。

　　这段文字没有表述神农氏改进农耕工具以及尝试百草对中国医药的贡献等，而写了神农氏与轩辕氏权力交接的经过、原因，以及黄帝一生用兵较多，以至披山通道，未尝宁居。有人会问：中国三皇五帝时期是天下为公的社会，为什么会有那么多的战争？我们可以参考《道德经》中的辩证法，第二章：天下皆知美之为美，斯恶已。皆知善之为善，斯不善已。故有无相生，难易相成……中国古代农耕文化有了长足发展，为人类社会提供较丰富物质财富的同时，社会不能避免种族主义、团体主义、单边利己主义甚至霸权主义的滋生。这些主义都认为通过单边的武力和实力优势，可以不劳而获、攫取别人的劳动成果归为己有，因而战争的发生也就不可避免。"我"字可以拆解为：左边禾，右边戈。意即：我中华人民在创造文明成果的同时，一定不忘保卫自己的成果。

　　伏羲氏的羲字下端，也可以拆解出禾与戈。而武字反而能拆解出止、戈。意即：中国人和平时不忘备战，战时不忘求和平。故有自古知兵非好战之说。老子指出：祸莫大于轻敌，轻敌则几丧吾宝。黄帝用兵常胜，他用兵的道义和策略，后人多有点评。例如，春秋时孙武《孙子兵法·行军》举黄帝处山地、水上、沼泽、平陆四种地形的用兵法则；宋朝苏洵《心术》一文说"凡兵上义；不义，虽利勿动"，又说用兵要义是"治心"，举例说"此黄帝之所以七十战而兵不殆也"。与《道德经》"故抗兵相若，哀者胜矣"可以互为参照。

黄帝之后，据司马迁的记载，颛顼帝高阳氏是黄帝之孙，帝喾高辛氏是颛顼之侄、黄帝曾孙。尧又是帝喾之子，舜、周文王也是黄帝后代。

司马迁在《史记·五帝本纪》的后记中说：学者多称五帝，尚矣。儒家的经典包括《论语》较少论说三皇五帝，《尚书》只记载尧舜的部分言行。对于孔子所传的《宰予问五帝德》及《帝系姓》，司马迁称儒者或不传。中国的传统文化自三皇五帝起，传承有序，因而司马迁写《五帝本纪》，较广泛地采用先秦诸子百家的文史资料。司马迁还走访收集当时散落在各地有关五帝的古迹及史实。按司马迁的考证，黄帝之后的帝王：颛顼、帝喾、尧、舜，都是黄帝后裔，而夏商周三代包括战国秦、晋、楚、赵等国的祖先又多是尧舜禹时期的臣子。五常之教发扬自舜——儒家在传承中国文化伦理及礼乐方面有独到见解，以尧舜为集大成者，或有其原因。

司马迁记述尧的政绩可以归纳如下：能明驯德，以亲九族。九族既睦，便章百姓。百姓昭明，合和万国。具体怎样管理天下，如：乃命羲、和，敬顺昊天，数法日月星辰，敬授民时。分命羲仲，居郁夷，曰旸谷。敬道日出，便程东作……信饬百官，众功皆兴。（《史记·五帝本纪》）

尧时天下，达到百姓昭明，合和万国。试析"合"：当政者（王侯）的政治清明，百姓安居乐业，王侯与民众的关系融洽，上下合作达到纵向之合。试析"和"：因为农业生产达到五谷丰登、六畜兴旺，不仅民与民之间，而且国与国之间达到横向之和，呈现和平、和乐景象。

如前引文所述，尧时的官员在春分时节被派往山东胶东半岛等地，负责指导农耕生产及畜禽的配种繁育等农事。足见尧的官员与天下民众的亲密关系，又可证明在四千多年前，山东的农业生产已有较大规模。再联系《尚书·禹贡》中的厥贡盐絺：青州的贡赋不仅有盐还有葛布。至于春秋时鲁国的"初税亩"，比尧时的王权行天下、舜时的禹贡，晚了一千七百年左右。《尚书·虞书·大禹谟》有句名言：四海困穷，天禄永终。意即：四海内百姓的生活困苦，便没有王侯的禄位。

尧舜之治被称为尧天舜日的盛世，而舜被孔子特称为"无为而治"的范本。《论语·卫灵公》："子曰：无为而治者，其舜也与？夫何为哉？恭己正南面而已矣。"《史记·五帝本纪》："虞舜者，名曰重华。重华父曰瞽叟，瞽叟父曰桥牛，桥牛父曰句望，句望父曰敬康，敬康父曰穷蝉，穷蝉父曰帝颛顼，颛顼父曰昌意：以至舜七世矣。自从穷蝉以至帝舜，皆微为庶人。"

舜是五帝中的最后一位，舜的履历比其他帝王要内容丰富一些。舜出身庶人，自幼面临家庭危机：舜父瞽叟顽，（继）母嚚，弟象傲，皆欲杀舜。瞽叟与舜的继母、后弟为谋取私利，多次阴谋杀害舜。但舜识破其谋，以德报怨，维持了家庭。舜在二十岁后，以孝、德、能、勤，贤名闻于天下，被尧赏识，并举为天下用：尧先将两女嫁给舜，又让九个儿子与舜结识。舜始终做到宠辱不惊。舜躬耕于历山，使历山之民让畔成风，农耕有了很大发展。他渔于雷泽，雷泽又呈现让居成风，民众很快就能安居乐业。后来，舜年五十时，替尧摄政事，年六十一践帝位。舜任职期间，选贤任能，罚奸惩恶。他惩禹之父鲧，而用禹为治水之官。《史记·夏本纪》中舜与禹的一段谈话，至今读之犹觉生动。

帝舜谓禹曰：女亦昌言。禹拜曰：于，予何言！予思日孜孜。皋陶难禹曰：何谓孜孜？禹曰：鸿水滔天，浩浩怀山襄陵，下民皆服于水。予陆行乘车，水行乘舟，泥行乘橇，山行乘檋，行山刊木。与益予众庶稻鲜食。以决九川致四海，浚畎浍致之川。与稷予众庶难得之食。食少，调有余补不足，徙居。众民乃定，万国为治。

帝舜对禹说："你有什么好意见也说说。"禹拜谢说："我没有什么可说，只想勤勤恳恳把工作做好。"皋陶故意问禹："什么叫勤勤恳恳？"禹说："洪水高峰来时，怀山襄陵，高处以下的百姓都被洪水淹没。我陆行乘车，在水里行船，在泥地用木橇，在山里乘木檋，在山里测量、立杆。我和益一起，给黎民百姓稻米和新鲜的肉食。疏通各处通海大川，疏通田间沟渠引进河道。我和稷一起赈济吃粮困难的民众。粮食匮乏时，从粮食较多的地区调剂粮食给欠缺的地区，或者叫百姓迁到有粮食的地区居住。民众安定下来了，各诸侯国也都治理好了。"

　　后来大禹被天下臣民推举为王，天下为公的王治天下，逐渐转变为传子制的家天下。尧舜禹时代天下的贡赋比例较低，与王治天下实行天下为公，以慈、以俭、以朴的方针，较为吻合。墓葬发掘实物的多寡也能佐证侯王是贵难得之物，还是不贵难得之物。老子的三宝：一曰慈，二曰俭，三曰不敢为天下先。这是对中国农耕文化衍生出王治天下制度的深刻描写和总结。

浅析虞廷心传

说起中国传统文化，很多人热衷于近代挖掘的器物及书简残篇，这是文物研究的价值取向。实际上，中国传统文化具有完整的体系，包括政治、经济、哲学、科技、医药、教育、艺术、民俗、宗教、人文地理和历史等等。在传统文化体系中理解历史片段，往往能形成全面、综合的认识。

虞廷心传，又称十六字心传，被认为是尧、舜、禹相传于虞廷。称"虞廷"，是以舜为中心。舜被道家和儒家共同认定为三皇五帝的王治天下、实行天下为公（即无为而治）治理方略的成功典范。中国先民称尧舜时期为尧天舜日，唐尧虞舜被古今民众传为治世的楷模。《三字经》祢："唐有虞，号二帝。相揖逊，称盛世。"毛泽东曾诗云："春风杨柳万千条，六亿神州尽舜尧。"虞廷心传十六字，我们今天有必要重新审视，以期传承之必要。

解读：

人心惟危：民众看重的是事物的成败和结昻。（危有危然、危殆等意）

道心惟微：道者，君王之道，要把握事物发展的细微动向，关注事物的因果关系和关联。

惟精惟一：为君之道，既要关注民众的眼前利益和局部利益，更重要的是把握天下为公的大道一贯性。

允执厥中：为君之道，要永远坚持民生利益和天下为公大道方向的一致性，持中不偏。

几千年历史长河，黄老之学在汉初、唐初实行过，分别使汉初、唐初的农耕经济有长足发展，带动封建社会经济繁荣。由于统治阶层与民众的利益对立，世袭王侯与官僚集团在治国理政上的利益也不同，历代对虞廷心传的领会与运用便大相径庭。如唐中期和宋朝面临游牧民族兵力强盛、时常南侵农耕民族，统治者为苟安和享乐，采取"残农耕民，贿游牧民族"的绥靖政策，使得农耕民族处在水深火热的困苦之中。不少民众啸聚山林，而达官贵人、风流士子依然挂画焚香斗茶插花，欣赏着"四雅"。于是辛弃疾有揾英雄泪的叹息。

明朝的王阳明，能从理论与实践的结合上，认识虞廷心传理论指导实践的重要意义，创立了他的"致良知""事上磨"，到"知行合一"的论述。王阳明能够在其平生做出匡扶社稷的显著业绩，给虞廷心传做了新的注解，引起人们的沉思。学者与统治者把心传单纯理解成理论或口诀，脱离民众生活、生产和社会实践，其结果只能是官摆官的排场，民念民的造化。郭沫若的《甲申三百年祭》谈道，李自成的进京赶考，没有回音，更没有了掌声。

以史为鉴，共产党提出了"不忘初心、牢记使命"。虞廷心传是几千年的宝贵经验教训，必切实于指导为政者的行动，使天下为公的大道越来越宽广。打造人类命运共同体的重担由中国人提出，将在全世界实现。

道德治世的文化传承

老子的《道德经》被古今中外奉为经典，影响深远。《道德经》蕴含中国传统文化的唯物辩证观，是古代先民思想文化的结晶，值得传承和发扬。

近代的唯物辩证法产生于19世纪的欧洲，社会背景是资本主义社会化大生产和工人运动。工业革命带动科技水平提高，发展了自16世纪以来出现的西方近代天文学等科学，在宏观认识论方面揭示出万有引力、能量守恒等物质变动规律；在微观层面发展了胚胎学说、有机化学等。自然科学方面，出现达尔文进化论，以及放射物理、光电物理等研究；社会科学方面，欧洲文艺复兴以来文学、哲学、艺术等各种新思想相互碰撞，出现空想社会主义的理论和实践，以及费尔巴哈唯物论、黑格尔辩证法等。

而老子的思想，也产生于社会变革时期——中国春秋时期——经历了各种思想文化的交流和碰撞。彼时，中国古代先民经历了数千年的公有制社会和上千年的伦理等级社会。传承着天地人大一统的三才观和看待事物的阴阳两仪观，这是中国传统文化的认识论基础，远早于文字的形成。在漫长的社会实践活动中，中国古代民众形成了对天地人的综合认识，及古代政治、军事、农业、医学、天文和酿造、铸造等学问和经验的总结，例如水的作用及治理、火的应用与防控、光的作用、阴阳调和、五行学说等。在宏观上天地人无所不包，在微观上阴阳两仪无所不在。

三皇之一的燧人氏，应用钻木取火。其实人们很早就懂得利用自然界的火，但是钻木取火是人通过制造工具创造性地获得，使人们得以安全、理性地应用火，无疑是人类文明之火。它的应用不仅改变人的饮食习惯，促进人的发育，防寒、驱虫，人们也开始用火锻造铜铁、烧制土陶器。

土陶器方便人们取水用水、贮存粮食。饮食器具及其他生活生产器皿的应用，使人类文明更进一步，无疑是一场革命。称陶器为补天之石，体现了中国人天人相济的思想观念。

伏羲氏整理八卦，也是集传统文化之大成。八卦表示人对天地自然、时间和空间等的认识，抽象概括人与自然、人与人的种种关系变化。后期更为复杂的八卦系统，包含否极泰来、水火未济、水火既济等，进一步表现矛盾的对立统一。

中国古人通过观察由地球绕日和月亮绕地球运行所引起的昼夜、月亮圆缺及季节等变化，掌握气象和潮汐规律，把漫长历史时期形成的记录和研究成果汇编成历法，指导农业生产。中国的农历，是世界上独有的以月球绕地球和地球绕日两个运行轨道汇编成的，二十四节气为主要内容的阴阳合历。通过设置闰年，农历中的阴历可以符合阳历的回归年天数。阴历每8年置闰3次，平年354天，闰年384天（多出一个大月30天）。年平均天数=$\dfrac{384 \times 3+354 \times 5}{8}$=365.25天。

现代的阳历平年365天，每四年置一闰年（366天），8年中有两个闰年，年平均天数=$\dfrac{366 \times 2+365 \times 6}{8}$=365.25天。

古代历法是先民集体经验的总结，很多尚未得到有效传承。如《孙子兵法·火攻》提到选择火攻日期时，要注意月行二十八宿的风向不同。

中国人用天干地支最小公倍数组成了六十甲子。天干是空间方位，地支是时间顺序，两者的结合代表了：世界的一切由时间和空间组合而成（宇宙）。中国人对宇宙的理解：四方上下称为宇，古往今来称为宙。中国古人的唯物观又以太极图表述。太极图又称阴阳鱼，即阴阳两个动态鱼形占据圆的世界，黑鱼中有白点，白鱼中有黑点。黑的为阴，白的为阳。白鱼向黑色那面旋动，黑鱼向白色那面旋动，即反者道之动。黑白鱼中分别出现新的点，正是对面的颜色，体现它们的发展趋势：新的点最终代替旧的。道家认为，这新的点正是应认识和掌握的关键，即弱者道之用。太极图融合唯物辩证法的三个基本规律：对立统一规律、量变质变规律、否定之否定规律。

没有地球绕日，还有时间概念吗？没有地的存在，人依靠什么居住生存，还有空间可言吗？天地间人是万物之灵，离开了人，还有思想和社会发展吗？人的存在离不开时间和空间，唯物辩证也不能离开时间和空间。中国的天地人三才

271

观是唯物辩证的基础，阴阳两仪是事物正反面对立统一的解释，无论对宏观宇宙、微观世界，还是对事物一般规律，具有普遍性。

老子继承发展了中国传统文化的唯物辩证观，总结弘扬古代先民的实践和理论成果。例如，第四十章"反者道之动，弱者道之用。天下万物生于有，有生于无"，是对唯物辩证观的高度概括。老子所论道，大到天地宇宙，小到视之不见、为之于未有。在社会进程上，把人民群众视为侯王的道的主体，提出贵以贱为本，高以下为基的民本思想。在社会实践层面，道、德可以这样理解：凡能决定或提供某事物依存、转化条件的，便可称为某事物的道。凡能提倡、促进和帮助民众和自然生态和谐向生、美善共赢的言语和行动，便可称为德。

氏族公有制社会孕育了中国文化的起源，将天道、地道及人道凝聚为公道，形成天下为公的社会治理理念。《礼记·礼运》：大道之行，天下为公，选贤任能，讲信修睦。老子无为而治的核心是效仿天地的无我为、无虚为、无妄为，实行的是天道和天下为公，切公为、切实为、切道为。无我为：不以私利或团体利益伤害民众共同利益。无虚为：施政光明有信，不搞虚假宣传和承诺来掩盖执政者猎取不正当利益的行为。无妄为：不搞劳民伤财的、为统治者奢侈享乐、实现霸强的无益工程，或轻易发动战争的行为。历史上除三皇五帝实行过，在汉、唐之初也不同程度地实践过，出现"文景之治""贞观之治"等。

老子的无为而治在具体实施中都存在辩证，如老子反对为私欲发动战争，但他肯定战备、正义的战争，如祸莫大于轻敌，轻敌则几丧吾宝。管理者与民众是治国理政的重要辩证关系。"民之饥，以其上食税之多……民之难治，以其上之有为……民之轻死，以其上求生之厚。"圣人之道以天地的为而不争、开放包容、利和利生为道德规范。管理者不为私利，为民生福祉，才能天下乐推而不厌。治理社会要做到敝而新成，不满足已取得的政绩，不断革敝生新才能与时俱进。

老子三宝，核心是以慈爱之心对待民众，如果管理者为个人、小集团利益去伤害公众利益，下场死矣！中国人认为王治天下真正的王者就是以天下苍生为念。民以食为天，不是仅限于吃、穿、住，而是人民希望有天下安定的政治局面、和合的社会氛围、公平的法律法规。民生事业需要管理者与天下人共同经营。无为而治可说是民生的代名词、天下为公的代名词。